新装版

役人道入門

組織人のためのメソッド

久保田勇夫

西日本シティ銀行会長

637

中公新書ラクレ

新装版　役人道入門　組織人のためのメソッド

目次

第2章 交渉編

第3章 組織編 107

第4章——人事編

第5章――健康編

第6章　世界の役人たち

本文ＤＴＰ／今井明子

新装版

役人道入門

組織人のためのメソッド

新装版刊行にあたって

今回、私が20年近く前に著した『役人道入門』が、中公新書ラクレとして出版されることになった。旧著に対する需要が高まったことによるようである。有り難いことである。

これまで深く議論されることが少なかった「公務員」や「公務員制度」あるいはいわゆる「政」と「官」との関係に世間の注目が高まりつつあることの反映でもあり、これらがより多く議論されるようになったことは好ましいことだと考えている。

他方、その背景を考えると、喜んでばかりはいられない。なぜならこのような注目の高まりは、何よりも「官」の組織自体がかなり劣化しているのではないか、と思わせる事態が最近次々と発生してきており、それに対する世間の批判が強まっていることによるものだからである。事案の内容を正確に知る立場にはないが、セクハラで辞任に追い込まれる可能性のある人物をそのトップとして「政」に推薦するなどということは、かつては考えにくかったことであるし、いわゆる高級官僚が自らの個人的な利益とからめた違法な行為を行なうなどということは想像もできないことであった。また、政治を含めさまざまな方面からの違法、不当な要請に対しては、いかなる状況においても、時にはこれに「身体を張って」、適正に対処すべきことは当然のことであったはずだからである。

私が、現時点でこのテーマに注目が高まりつつあることを好ましいと考えるもう1つの理由がある。それは、わが国の「官」を巡る環境が、私が当時危惧した好ましくない方向へさらに変化したことであり、この傾向を見直すきっかけになればと思うからである。正直なところ、旧著を世に問うて以来、「官」およびそれを構成している「公務員」の能力およびその社会に果たしている役割についての過小評価がさらに進んだように思う。おそらく、先に述べた組織の劣化とこの傾向の進展とは、相互に因果関係にあるのであろう。

諸般の情勢を考えると、現時点でのあるべき「役人道入門」としては、本論に何らかの手を加えるべきであろう。とはいえ、そのための時間的余裕も、またそうするだけの自信もない。そこで、その事実の誤りを修正することにとどめ、旧著を出版した以降の進展を踏まえ、所感を書き加えることにした。

いずれにしても役人は、国家が国家として成立するための礎であり、これは洋の東西を問わず、また、歴史上古今を問わない事実であると考えている。世は移り時代は変わっても、しっかりした官僚制度と信頼に足る役人が国家、社会の礎であるという著者の考えにはいささかの変わりはない。敢えて旧著を世に問う所以《ゆえん》である。

２０１８年秋　筑前福岡の寓居にて

著　者

まえがき

クラシック音楽の愛好家には『レコード芸術』があり、テニスを趣味にする人には『テニス・マガジン』がある。ビジネスマンを対象として『東洋経済』や『エコノミスト』がある。定期刊行物ではなくとも、法律家や税理士のための専門書は多いし、最近はパソコンやコンピュータ関係の本が書店にあふれている。ということであれば、広く公務員を対象とした本があってもよいのではないか。どうしてそういうものがないのだろうか。

30年以上を、公務員として、主として霞が関で働いてきた私は、つねづね、公務員というのは、公務員たることに共通の特殊技術をもったプロフェッショナルであると考えてきた。役人は、法律、経済、土木といった自らの固有の分野の専門家であるのは当然として、およそ役人であることに伴い、必然的に求められる技術、あるいはその集大成ともいうべき「役人道」に通じているべきではないか、という思いである。そうであれば、役人となること、より優れた役人たらんとすることは、この「役人道」を追求する道筋だということになる。

ふりかえって、私は諸先輩から、文章の書き方、交渉の仕方、健康の維持の工夫などをいろいろと教わった。自らも技術を盗むべく努力したり、それなりの工夫を重ね、成功もし、失敗もした。実は、霞が関にいる間にこれらの技術を後輩諸君に伝えたいと思っていた。機会を見つけてはそのように努めたつもりであるが、なにぶん忙し過ぎた。性、急にして、他人に教えるよりは自ら事を処理したほうが早いと考え、そのために伝えるべきことを十分に伝えられなかったという思いがある。それで、いつかは、こういう役人に一般的に必要とされる広い意味での技術について本を書きたいと思っていた。

ところで、私は課長補佐として最も働き盛りの頃、李宗吾という人物による『厚黒学《ずぶとくはらぐろいがく》』という本に遭遇した。これは中国の清朝末期に、自ら英雄豪傑を夢見た李宗吾氏が、どうすればそうなれるかその秘策を求めて、四書五経、諸子百家、二十四史などの文献を懸命に読み、自ら思索した結果たどりついた結論を書きとどめたものであった。尭舜《ぎょうしゅん》（中国の古代の帝王）以来、中国四千年の歴史に登場する重要人物（これには劉備、曹操といった『三国志』の英雄が含まれる）の事績を慎重に検討した結果、氏は次のように悟ったという。

「そうだ。英雄豪傑となるには、秘伝も何もなかったんだ。ただ必要なのは、鉄のような厚い面《つら》の皮と、ずぶとさに徹した腹の黒さだけだったのだ。それをうまく活用できさえすれば、英雄豪傑となることなど、まさに、掌を返すよりやさしいものだ。」（『厚黒学』〔日本語でわかりやすく言うと腹黒学《はらぐろがく》〕李宗吾著、葉室早生訳、五月書房）

中華民国が成立する前年の１９１１年に発行されたこの書は、そのための修業方法や役人になりたい人への助言、役人として成功するための心得などを皮肉を混じえて逆説的に述べている。

特に厚黒学の修業はこれを３つの段階にわけて進めることが妥当であるとしている。第１段階は「〔面の皮は〕厚きこと城壁のごとく、〔腹は〕黒きこと墨のごとし」にとどまると言い、これを越えて、面の皮を厚くし、腹を黒くするための努力をすれば、第２段階である「厚くして硬く、黒くて光る」状態になるという。そしてさらに修業を進めると、ようやく「厚くて形なく、黒くして色なし」という第３段階にいたり、ここで初めて達人の域に達し真の英雄豪傑になりうるというのである。

この書は、訳者である葉室氏が解説されているように、中国人である著者が、その多年の社会的経験と深い儒学の蘊蓄《うんちく》を傾けて、中国古来の英雄偉人たちを俎上《そじょう》にのせて、その成功と失敗のあとを、「厚黒学」的見地から徹底的に批判し、痛烈に諷刺したものである。そのあとで、それでは、その場合どうすればよかったかの解答をあたえ、それによって、われわれが、この社会において、どうしてやってゆけばよいかについての心構えを暗示しているのである。

私は、その観点は異なるものの、李宗吾氏が公の仕事にたずさわる者には特別の心構えや技術が必要だとされている点において意を強くし、それが何かを求められた努力に強く印象づけられたのである。

私が本書を書き始めたのは、今から2年近く前、まだ現役の公務員であった頃である。その後、予想外に時間がかかり、ようやく完成することになった。

この間、わが国は変革期にあり、中央省庁の再編が行なわれた。私が公務員として最後の3年間を過ごした国土庁は、運輸省、建設省、北海道開発庁とともに2001年1月6日に国土交通省という新しい役所に生まれ変わった。公務員制度については現在も変革の途中である。

そういう過渡期に、いわば変革期以前の経験しか持たない私が「役人道」を説くことはいささか気がひけるが、時代が変わってもプロフェッショナルとしての公務員の重要性が変わるとも思われない。また、これまで論じられることの少なかった分野に立ち入ることは、世間にあまり知られていない霞が関の役人の実態を紹介することにもなり、それなりの意義があるかもしれないと思っている。

本書では、できるだけ事例を多く用いることにした。その結果、そうならないように努めたつもりではあるが、一部自己宣伝的になっていたり、あるいは関係者に不測のご迷惑をおかけしたりする恐れがあるかもしれない。よろしく意のあるところをくんでご宥恕《ゆうじょ》いただければ幸いである。なお、事例中の役所の名称については、大蔵省（現・財務省）、通商産業省（現・経済産業省）、建設省（現・国土交通省）というように当時の名称を用いている。

本書中るる述べたように、しっかりした官僚制度と信頼に足る役人は、国家、社会の発展の礎である。本書が役人を目指す人や役人道を極めんとする人、さらにはこれらに関心を持っている人にとって、役に立つところがあれば、これに過ぎる喜びはない。

本書はそういう意味で広く公務員に向けて書いたものであるが、一般の人が読まれても、わが国の官僚機構や公務員についての理解を進めるものとなっている。したがって、仕事柄官庁や官僚と接触する人々にとっての手引きにもなるであろう。

この本が世に出るまでには数多くの人にお世話になった。いちいち名前をあげることはできないが、改めて感謝の念を表したい。もちろん、本書の内容についての責任は、その誤りを含めて、すべて私にあることは言うまでもない。

2002年1月6日　中央省庁再編一周年の日に

久保田勇夫

第1章　文章編

1　文章の大切さ

役人の基本は文章

正確な文章を書くことは役人の基本である。世に、抽象的でわかりづらい文章を「役人の文章のようだ」とけなす傾向があり、役人の無責任さと役人の文章とを結びつける雰囲気がある。あたかも文章の作成に熱意を注ぐことが無駄であるかのごとく、かえって有害だとする向きもある。

これらはすべて誤りである。古今東西を問わず、正確な文章を書くこと、その文の示される時期、相手方、環境に応じた文書をつくることは役人の基本である。役人たるもの、優れた役人たらんとするものは、すべからく作文修業に心血を注ぐべきである。

特に留意すべきは、ある事項を説明するときに、それに最もふさわしい表現はただ1つであるということであり、それぞれの状況において最も適切な文書はただ1つであるということである。作文修業は、いわばこの唯一のものを求めていくプロセスである。

作文修業は、単に良い文章を書くためのものではない。それは、同時に、他人の書いた文章や相手方から示された文書を正確に理解するためのものでもある。どうやって正確かつ適切な文章にしようかと苦吟した者でなければ、自らに示された文章を正確に理解することは困難である。たとえ先方が微妙なニュアンスを伴ったものを示してきても、自らあれかこれかと苦吟したことのない者は、その文書が何を言い、何を否定しているのかを読みとることはできない。

たとえば、2000年7月に沖縄で先進国によるサミットが開かれた。その際の先進7か国（G7）首脳による「世界経済に関する宣言」は日本について次のように述べている（当時、筆者はすでに退官していたので、その文書の関係者による作成過程やその表現が選ばれた背景について承知しているわけではない）。

日本では、不確実性も依然として残っているものの、経済は景気回復への前向きな兆しを引き続き示しており、マクロ経済政策は、内需主導の成長を確かなものとするよう引き続き支援的なものとすべきである。構造改革は、潜在生産力の向上を促進するために継続されるべきである。

この文章は、わが国が採るべき経済政策について2つのことを言っている。第1に、マクロ経済政策は引き続き支援的（景気を支えるという意味）であるべきである。それは、現在のわが国のマクロ経済政策が支援的であるという認識の上に立っている（これが「引き続き」という意味である）。第2に、構造改革を進めるべきである。これも現在すでに構造改革が進められつつあるという認識の上に立っている（これは、「継続されるべき」という表現からわかる）。

また、この文章は、わが国経済の現状についてもいくつかの判断を示している。その第1は、わが国の経済について不確実性が残っているということである。その第2は、「景気回復への前向きな兆しを引き続き示している」ということである。「景気回復」を示していることではなく、それへの「前向きな兆し」が示されているに過ぎないとされている。文書の作成者たちは表現方法についていろいろ議論し、やはりわが国の景気回復の強さはその程度の弱いものだと認識した上でこういう表現に落ち着いたのであろう。そしてこの「兆し」は何も今回新たに生じたものではなく、それは前から存在したものだとの認識である。それが「引き続き示しており」の意味である。

文章に書かれていることのほか、書かれていないことも重要である。たとえば、「マクロ経済政策は支援的なものとすべきだ」としつつも、どういう手段によってそうすべきかを示していない。金利の引き下げや流動性の追加といった金融政策によるべきか、補正予算の編成や来年度の当初予算による格別の配慮といった財政政策によるべきか、あるいはその双方によるべきかは書かれていない。そこまで議論されなかったのかもしれない。議論はされたが具体的なことについては書かないと合意されたのかもしれない。いずれにしても書かれていないのはそれ相応の理由があるに違いない。その理由は何か。

こういうことを読みとり、書かれていないことに思いを巡らしうるためには、自ら厳密かつ正確な文章を書き、あるいは書くべく努力をしていなければならない。

強国の背後に強固な官僚制

歴史的にみても強力な国家には確固たる官僚制度がある。そしてその必要不可欠の要素として正確な文章を書きうる役人がいる。

中国において膨大な領土を治め、異民族を含め何千万人あるいは何億人という国民を対象として、それなりの統一国家を維持することを可能にしたのは官僚制度の存在であったことはよく知られている。それは役人をその出自にかかわりなくもっぱら本人の能力を基準として採用するというものであった。このような官僚制度は西周時代（紀元前770年）以降漸次整えられ、隋・唐の時代に選挙制度として定着し、宋の太祖の時代（973年）に科挙制度として完成された。清朝末期に廃止されたこの制度の下では、役人、特に高級官僚を目指す者には格別の作文力が求められた。これらの試験にパスするためには、古今の文書に通じていること、それを踏まえた内容と格調の高い文章を書けることが求められた。これを目指した努力、それにまつわる悲喜こもごもの逸話は枚挙にいとまがない。たとえば唐代の杜甫は、思いのままにならない役人としてのわが身の境遇についての多くの詩を作っている。

近年イスラムの研究が進み、オスマン・トルコやセルジューク・トルコあるいはモンゴル系の歴代王朝についての本が広く読まれるようになった。これらの書物によれば、

8世紀の初頭からこの20世紀の初頭まで、東アジアとヨーロッパを切断し、あるいは仲介したこれらの諸国が広大な地域を統治することが可能だった理由の1つは、それらが確固とした官僚制度をもっていたからだとされている。イスラム初期の大征服と国家の建設はアラブ人によって達成された。その公用語はアラビア語であったが、統治の機構の中心となる役人については出自による選別はなく、たとえばアッバース朝時代の官僚の多くはペルシア人であったと言われている。ここでも国家を統治するための独立した機構として確固とした官僚制度が存在した。そしてその下で、各種の情報を全土に正確に伝え、また行政上の齟齬《そご》を避けるため正確な文章を書きうる官僚が必要とされたのである。

イタリア半島から出て史上空前の大帝国を築いたのはローマである。最盛期であるハドリアヌス帝の時代には、その領土は東はユーフラテス川、西はブリタニア島、南はサハラ砂漠に達した。この版図《はんと》拡大と、その後の領土の支配に軍隊が果たした役割は大きいが、統治のための官僚機構が果たしたそれも大なるものがある。役人は、中央の指令を適切に伝達しそれを全土に隈《くま》なく実施するとともに、それぞれの地域の情勢をローマに的確に伝達したのである。そのプロセスを通じて、ローマ法が領土に周《あまね》く伝播され、ついに「ローマは三度世界を征服した。武力によって、次にキリスト教によって、そしてローマ法によって」と言われるにいたったのである。大ローマ帝国の発展を支えたのは強固な官僚機構とその下の優秀な官僚であった。

世界共通の文章道

筆者は、１９７２年11月から73年５月まで、英国に長期出張を命じられた。当時、ヨーロッパでは付加価値税が採用されつつあり、同税が73年４月に英国で新たに導入される予定なので、その準備の状況や導入する際の問題点は何か、それを同国はどう解決したかを調べてくるようにということであった。当時、大蔵省主税局は、いずれは消費一般に課税する付加価値税ないしは類似の新税が必要であると判断していた。その理由は、そのときの間接税の主力であった物品税は、贅沢品のみに課税するというものであり、いわゆる高度大衆消費時代にはふさわしくないこと、当時の税の構造からみて、放置すれば所得税や法人税といった直接税の比重が不当に重くなること、世界の多くが一般的消費税を導入するにいたっていることというものであった。そのため、ヨーロッパ各国ですでに実施されていた付加価値税について調べるため、職員を現地に派遣していたのである。

フランス、ドイツといったヨーロッパ大陸諸国の場合、付加価値税はすでに実施されていた一般消費税である売上税に代わるものとして導入された。これらの国では、この税の導入前には消費の際には原則として税金が課されるものだというこの売上税が存在したため、付加価値税の導入はそれほど困難なものではなかった。

ところが、英国の事情は日本に似ていた。同国はそれまで、毛皮のコート、宝石といった贅沢品にのみ課税するという仕入税があるだけで、消費一般について広く課税するというこの税の導入には多少の問題が伴うのではないかと思われていた。同国はこの仕入税を廃止して付加価値税を導入することとしていたが、わが国が類似の税を導入する場合には、当時わが国に存在した物品税を廃止することが考えられた（事実1989年にわが国に一般消費税が導入された際に、この物品税は廃止された）。そこで、わが国に一般的な消費税を導入するとすれば英国が直面するのと同様の問題にわが国も直面するのではないかということで、同国の調査は入念たるべしということになっていた。

そこで、出張期間も異例の6か月と長期にわたり、しかも、英国になじみのある筆者（1967年から69年までオックスフォード大学に留学していた）が派遣されることになったようである。

この調査期間中、筆者は頻繁に英国の税務当局を訪れ、同国の役人の仕事ぶりやその内容を垣間見ることができた。なかでも興味深かったのは、入省して２、３年目の、わが国でいえば上級職（現・総合職）職員の働きぶりであった。

彼らは１つの大部屋で共同で執務をしていたが、その作業の中心は作文であった。彼らは作文について上司から宿題をもらい、その督促の電話を受けては自らが書いた作文を持って上司の部屋に消えていった。帰ってくるとその文書の多くは修正されていた。ときには原形をとどめないほどの修正をうけた者もいた。上司との間で、どういう表現ぶりが適切か、どういう論旨を展開すべきか、などについて論争をしてきたようであった。そして一方的に論破されてきたということも多かったようであった。

筆者は、役人となって７年目、本省の課長補佐の１年目のこの時期において、役人の基本は文章力であること、そしてそれは古今東西を問わずそうであることを感じたのである。

１９８６年の先進国首脳会議（サミット）は日本で開かれた。この種の会合では、たとえばそこで発表される宣言文については、事前にある程度の原案を準備しておくのが慣例である。そしてその原案作成の責任者は主催国（この場合は日本）であった。

この年の東京サミット宣言のうちのマクロ経済政策については、先進7か国の蔵相代理たちがその原案をつくることとされた。日頃から5か国蔵相代理会議や10か国蔵相代理会議で顔なじみの人たちは、宣言文の構成やその中に盛り込むべき事項やその具体的な表現などについて実に詳細に議論を行なった。筆者は大蔵省のサミット担当課長としてただ一人の事務局としてこの議論の手伝いをした。日、米、英、独、仏、伊、加の次官級の人々が、「その表現ではなく、こちらが良い」とか「それでは順番が逆だ」とか、「そういう誤解を生みやすい言い方はやめたほうがよい」などと議論するのを聞きながら、彼らが合意した案文を書きとるのが筆者の役目であった。

その作業を通じて、筆者は洋の東西を問わず、役人が文章の表現にきわめて厳格であること、これらの官僚のトップが秀れた作文力の持ち主であること、そして何よりも文章が大切であることについて世界の役人仲間でコンセンサスがあるらしいことを思ったのである。すなわち、「文章道は世界共通である」ということである。

そうである以上、わが国の役人が作文力の修業を積むこと、その結果として正確な文章を書けるようになることは諸外国の役人に対するわが国の役人の競争力を高め、わが国の国益の推進にもつながるのである。

2 文書に3種類

役人の基本は文章であり、正確な文書をつくりうることは有能な役人の基本的な条件である。その仕事の精髄が政策の企画立案である場合、代表的には霞が関の中央官庁である場合、まず、その仕事のプロセスで書くべき文書には性質の異なった3種類のものがあることに留意すべきである。それらは、「分析の文書」「検討の文書」および「説得の文書」である。

これらの3つの文書は、政策決定のプロセスにおいてそれぞれ異なった役割と性質を持つ。したがって、その書き方およびその背後にある考え方も異なっている。にもかかわらず、これらの文書の違いが理解されることなく、それぞれの要素が混在した文書が多い。その結果、政策決定の際の議論が無用に混乱することが多く、はなはだしい場合には誤った結論へ導かれる。1つの文書を書こうとする者は、自らが今その3つのうちのどの文書を書こうとしているのかを明確に頭に置くべきである。

分析の文書

政策を決定しようとする場合にまず必要とされる文書は、その対象となっている事態についての分析の文書である。ここではそのテーマについて、できるだけ正確な情報を可能な限り客観的に収集分析し、それこそ神にも通じる心境で中立的に叙述するのである。そのテーマが自分の専門でない場合や自分の役所の得意とするところでない場合には、専門の人や、そのテーマを得意とする役所や民間の機関の知恵を借りなければならない。

分析の文書の作成過程においては、部外者のなかでも、特に大学、研究機関の成果を最大限取り入れることが必要である。事態の分析であることから、その正解は、どのような組織にいても同じであるはずである。事柄の性質上、この役人の分析の文書を書く仕事は学者の仕事に似ている。

この「分析の文書」の質を高めるのは、その分析の深さである。したがって、この文書をいかに良く書けるかは、一般的な文書作成の技術を除けば、そのテーマについてどの程度深い知識をもっているかにかかっている。円ドル相場がテーマであれば、為替市場の仕組み、外貨と円との需要・供給の関係およびその構成要素、主たるプレイヤーの行動の習癖《しゅうへき》やその現在の為替のポジション、現時点での投機家のセンチメント、関係国の政策スタンス、などについてどの程度詳しく知っているかということが、その文書の質を決めることになる。

たとえば、為替相場が1ドル120円から125円に急速に変化し、世の中が一層の円安を心配しはじめた際の「分析の文書」について考えてみる。

まず、この円安傾向が、いかなる要因に基づくものかが大切である。経済学の教科書が掲げる典型的なケースのようにわが国の貿易収支が悪化（黒字幅の縮小）しているためか、そうではなくて何らかの理由でわが国から大量の資金が流出しているためか。あるいはわが国の経済成長率が低下したとか、わが国の財政赤字の拡大が生じ、それによってわが国の経済政策に対する信頼性が疑問視されるようになったといったマクロ経済に由来するのか。または、何らかの理由で円を買い過ぎていた市場関係者がその為替ポジションを調整するために円を売ってドルを買っているだけなのか、それとも市場参加者がそのチャート分析などに基づいてある為替レートに達したために円売りをしているのか、などである。

その円安の原因は、わが国にあるとは限らない。この円安・ドル高は、米国経済が予想以上に強いことが判明したために人々がドルを買っている（そのためにはドル以外の通貨、たとえば円を売らなければならない）ためかもしれない。あるいはドル金利の上昇が見込まれるため、日本を含めて、米国以外の国の人々がドル資産への投資を増やしている結果なのかもしれない。何らかの理由により、ユーロがドルに対して弱くなり、そのあおりをうけて、ユーロと同様に主たる非ドル通貨である円が安くなっている（「円の連れ安」）ためかもしれない。

「分析の文書」では、この円安をもたらしている1次的要因を上記の通りまず分析する。そして、それをもたらしている2次的要因は何か（仮に1次的要因がわが国からの資本の流出ということであれば、それをもたらしている原因は、米国の金利の上昇なのか、わが国の金利の低下なのか、金融を緩めようとしているわが国の経済政策のスタンスなのか、米国の将来の経済政策かなど）を分析するのである。そして、この2次的要因が、どの程度続くのかを検討することになる。

そして、そういう2次的要因を放置すればどの程度までの円安が見込まれるのか、全体としてどの程度の期間、円安が続くことが予想されるのか、を分析するのである。

もちろん、この分析によって、結論が明確に一本にしぼられる保証はない。たとえば125、6円で収束する可能性と、130円まで進む可能性の双方が示されることもあるし、その間の日々の変動幅についても異なった分析がありえよう。

いずれにしても、まずは正確な分析をすることが、正しい政策決定のための基本である。

検討の文書

「分析の文書」の次に必要となるのは、いかなる政策をとるべきかについての検討のための文書である。ここでは先に述べた「分析の文書」に基づいてそのテーマの現状分析について一定の結論に達したことを踏まえて、いかなる政策をとるべきかについて検討をするための文書が求められているのである。

この文書の中心は、ある特定の政策目的を達成するために有効と思われる各種の個別措置の具体的な内容と、それら各種の措置のメリットおよびデメリットの記述である。

そこで、この文書では、第1段階として、たとえば、現在の政治情勢ではこういう措置はとれないだろうとか、この措置については副作用のほうが強いのでとるべきでないとかいった現時点での各種の制約を一応度外視して、その特定の政策目的を達成するために有効と思われる具体的措置を網羅的にピックアップするのである。そして、それぞれの具体的措置についてその内容を示し、そのメリットとデメリットをすべて掲げるのである。

政策を達成するための個々の措置に完璧なものはない。たとえば税収を増やそうとすれば景気に悪影響がある。いかなる措置を最終的に採用するかは、このそれぞれの措置のメリットおよびデメリットをどのように評価するかにかかってくる。

その際、どういう事項に基づいて、このメリット・デメリットを評価すべきかを、これも網羅的に記述する必要がある。それは、経済的事項もあれば、社会的事項もあれば、政治的事項もある。そのなかでも世論の動向は大きな要素である。移ろいゆくその時々の世論のままに行政を行なうことは不可能であるし、時として好ましくないことであるが、総体的に世論の動向が政策の決定の際の大きな要素であることに間違いはない。

たとえば、景気が主として需要が不十分なために停滞しており、何らかの手段により景気の回復を図るべきだという場合の「検討の文書」について考えてみよう。

ここで、個別措置としては、金融政策（A_1金利の引き下げ、A_2金融の量的拡大）、財政政策（B_1財政支出の追加、B_2減税、B_3財投の追加）、外需の増大（C_1輸出振興策の実施、C_2円安）を列挙する。

次に、それぞれの項目について、そのメリットおよびデメリットを掲げる。たとえば、A_1は、メリットとしては、(1)経済の各分野に幅広くメリットが及ぶ、(2)それによって円安につながれば輸出の増にもつながり好ましい、(3)機動的に発動しうる（たとえば予算の追加は国会の議決を要するため機動的には行ない難い）などがある。他方、デメリットとしては、(1)景気抑制の場合と異なり、その景気刺激効果はそれほど強力でない、(2)（すでに円安となっている場合には）円安がさらに進む恐れがある、などである。

「検討の文書」では、A_1からC_2までのすべての項目について、同様の作業を行なう。

次に、第2段階として一定の考慮すべき事項に照らしてこれらの措置のうちどの措置をとるか、あるいはどの措置とどの措置を組み合わせるか、実施のタイミングをどうするかを検討するのである。このプロセスで大切なことは、考慮すべき事項を網羅的にとり上げることである。

たとえば、今日の国際化の時代には為替相場は大切な項目である。先に述べたように、景気刺激のための金利の引き下げは円安につながるため、円安が好ましくないとされているときにはあまり勧められないものとなるし、円安が好ましいとされているときには好ましい効果を強めることになる。政治的事項も大切であることは言うまでもない。財政支出の追加は、財政構造の健全化に時の政権がどういうスタンスで臨んでいるかによっても大きく影響を受ける。

世論の動向も大切である。景気の回復がきわめて大切である、不況のためにこんなに多くの社会問題が生じている、といった論調の際にはできるだけ多くの景気浮揚のための措置を、そのデメリットは認識しつつも採用すべしという傾向になる。

そして、これらの各措置についての評価を比較考量しながら、どういう具体的な措置を採用するかを決定するのである。

そういう文書であって初めて、局長室であれ、大臣室であれ、個別の政策を決定する際の議論のベースとなりうるのである。

説得の文書

幹部を含めて、ある政策実現のためにとるべき措置が決まれば、次に必要なのはその措置を関係者に説得するための文書が必要である。いわば、論争の際の紙爆弾のごときものである。いかなる措置もメリットとあわせてデメリットをもっているので、なぜそういうデメリットがあるにもかかわらずその措置をとる必要があるかを説明しなければならない。その措置が多くの人に影響を及ぼすものであったり、世間で異論が強い場合にはそういう措置の必要性についてより多くの人の賛同を得なければならない。説得の相手方は、世間ばかりではない。他の省庁、あるいは同じ役所の他の部署がこれに異を唱えることもよくあることである。

たとえば景気拡大のために減税が必要であるということであれば、税を担当する部局は賛同しないことが多いし、歳出を司る財政当局も本能的に反対することが考えられる。これらの関係者に向かって、なぜ、この程度の、このような内容をもった減税が、このタイミングで必要であるかを説かなければならない。

この説得の文書の大切な点は、その説得の相手方を意識した、それにふさわしいものとすることである。その表現方法、説明の論理、組み立て方もそれぞれの相手方にふさわしいものでなければならない。それぞれのもっている関心事項に視点を定めたものでなければならない。経済学に造詣の深い人には、経済の現状の分析やとるべき措置について、経済学的分析に十分耐えうる説明をしなければならない。将来の税収を気にする人に対しては、その減税措置が将来多少の増収をもたらすかもしれないことに言及しなければなるまい。日頃から役人の文章に慣れていない人に対しては、多少の記述方法の不正確さには目をつぶっても、場合により多少の誤解を受けることを覚悟してでも、わかりやすい説明とすることに意を用いなければならない。

いずれにしても、説得の文書は、政策決定および政策実施のプロセスで大変重要な文書である。そして開かれた行政、わかりやすい行政が強く指向されているこの時代に、この文書の重要性はますます高まっている。

3　3文書の一体化も

文書には「分析の文書」「検討の文書」「説得の文書」があると述べたが、これは種類としてそういう3種類のものがあるという話である。現実には、これらがすべて1つの文書で書かれることもある。時間がないときや、さして重要でないテーマに関するものであれば、これらの3事項についての議論は1回で済まされるであろうが、そういう場合に、これらの文書が1つの文書で処理されることが普通である。

要は、コンセプトとして文書には3種類があること、自分が現在書こうとしているのはこのうちのどれであるかを認識して書くこと、そして、3種類の文書によってその作成するときの視点や心構えが違うことを十分認識して事にあたることが大切なのである。そのことがより良い政策やより適切な措置の選択に結びつくのである。

なお、後に述べるように役人の仕事の特色の1つは、それぞれのプロセスにおいて組織として事態を判断し、その決断に従って組織として行動していくことである。したがって、たとえば事態が第3段階に達しようとしている時点において、第1段階の分析の内容に自分は賛成しないのでなどという理由で第2段階および第3段階のプロセスに参画しないなどということは許されない。

4　良い文書の要領

論点をすべてカバーする

役人の基本は正確な文章を書くことであり、役人はすべからく正確な文章で書かれた良い文書をつくるべく努力すべきである。良い文書をつくるために留意すべきことは無数にある。

まず、役所の部内用の文書については、第1に、そのテーマについてのすべての論点をカバーすることが大切である。たとえば、公定歩合（中央銀行が銀行に対して貸し出しを行なう際の基準金利）について言えば、現下の国内の経済情勢、円相場の動向、外国の経済・金融情勢、わが国の金融・資本市場の動き、内外の世論、国際会議のスケジュール、政治日程（これらは実施をする際には大切である）など関連ある項目を漏れなくとり上げていなければならない。

このすべての論点を網羅するということは、個々の論点についての記述の内容よりも大切だと言ってよいくらいである。なぜなら、個々の論点の記述については、その内容が間違っていても当該テーマの検討の過程で訂正されることを期待できるが、およそ論点にもとり上げられていないことは議論されないことになる恐れがあるからである。その結果、当該テーマについて全体として間違った結論に達することがある。官僚機構の究極の目的はそれぞれの設定された目的を間違いなく達成することであるが、すべての論点をカバーしないでつくられた文書に拠っていてはこの究極の目的が達せられない可能性がある。

また、いかに優れた上司といえども、常に当該テーマについて考慮すべき事項をすべて頭にえがいているとは限らない。ついつい忘却しているかもしれないし、あるいは意外にもまったく頭の片隅にもないかもしれない。そういうことからも文書には懸案事項についてのすべての検討項目がカバーされていることが大切なのである。

誰が読むかを考える

これはいかなる文書についてもあてはまることであるが、特に役所の文書の場合にはそれが誰に読まれるかを考えて書くことが大切である。なぜなら、人によってそのテーマについての知識の程度、関心の深さ、関心の視点、などが違うからである。税制を長く担当してきた局長が国会で「酒税が課される酒類の定義は何か」と聞かれた際、その傍らに走りよっていって「アルコール分1度以上の飲料です」と耳打ちしたりすれば顰《ひん》蹙《しゅく》を買う（その程度のことは主税局づとめの長い局長は当然知っているからである）。新しい制度がどの程度予算を食うことになるかに重大な関心を持つ課長に示す文書には、新しい仕組みが与える予算への影響を詳しく書かなければならない。

金融政策についての大臣説明用の文書は、この領域に詳しい人の場合とそうでない人に詳しい人の場合には、いきなり核心に迫る事項、たとえば金利を引き上げるべきかどうかということから書き始めてもよい。財政政策には詳しいが金融政策についてはそうではない場合には、マクロ経済政策における金融政策の果たす役割とか、金融政策の中でも金利の引き上げと金融の量的引き締めの効果の違いなどをまず説明する必要がある。

状況に応じたものをつくる

役所の内部の文書の場合、特にその文書が使われる状況に応じたものであることが格別に重要である。それは、特に時間との関係においてそうである。

たとえば、テーマが来年度の税制改正といった場合に、まだ予算編成まで十分に時間のある8、9月の時期において、その改正の大枠や長期的方向を検討しようという場合には、長い文書で結構である。関係者が集まってじっくり議論し検討することが前提であるからである。記述が多少冗長に流れたり、重複したところがあってもさして問題ではない。そのかわり、深い議論に耐えうるものでなければならない。分析は深く、かつすべての論点をカバーしたものでなければならない。

たとえば、一定の額の減税をする場合に、所得税と消費税による場合の経済効果がどう異なるか、というような論点の場合には、経済学的な説明に十分耐えうるものでなければならない。法人税の減税が高い経済成長を生み、その結果として当初の減税額以上の増収をもたらすかという点についていえば、米国のいわゆるサプライサイドの経済政策の経験、ラッファー曲線への言及、わが国におけるかつての類似の論争の経緯、などが書かれていなければなるまい。

これと反対の極にあるのが、国会答弁用のメモである。ある事項について、大臣や局長に対して、予想されていない問いが発せられたり、細かい事項について聞かれた場合への対応である。その現場で答弁者に手交するメモには、簡潔に、大きな文字で、その結論をはっきりと書かなければならない。ここでは、とにかく正しい結論が、時間内に答弁している本人にわたること、すなわち、時間がきわめて大切なのである。そして余裕があれば、そのメモにその結論の理由をつけ加えるのである。

元駐米大使の松永信雄氏によれば、１９７３年、国会の本会議において、おそらく田中角栄首相に対してであろう、チリの軍事クーデターでアジェンデ政権が倒れたことにどう対応するかについて質問が出た由である。その際、氏はこのまったく予想外の質問に関して、「他国の内政に干渉せず」とだけ書いてそのメモを答弁者に手渡したとされている。これは1つの典型的なケースであろう。

5　出張報告書の要点

役人の視点を

もう少し工夫があってもよいと思われる文書に出張報告書がある。役人が会議に出席したり海外の調査のために出張したりするのは、学者としてではなく、いずれも何らかの形で自らが従事している行政の一環として行なっている。結果として自らの本来の仕事の改善や質の向上に寄与するものでなければならない。

大学の教授であれば、たとえば外国の制度がどのようになっているかをできるだけ厳密かつ正確に調査することだけで十分であろう。だが、役人の場合はそうではない。外国の制度の現状のみならず、外国の制度がなぜそうなっているのか、どういうふうに機能しているのか、また、わが国でも同じような状況にあるのか（そうであれば、たとえば外国の制度をそれに似た形で導入することが考えられる）、などを視野に入れて調査をし、それに従った文書を作成しなければならない。会議の場合も同様である。ただありのままを正確に記すだけでは役人の報告書としては不十分である。すなわち、役人の視点で出張報告書をつくらなければならない。

外国調査の報告書は相手との対話

役人が海外へ調査のために出張するのは先にも述べた通り、海外における事実関係を知るためにだけ行くのではない。外国の制度でわが国の行政に資するところはないか、外国で行なわれている仕組みのうちわが国が取り入れるべきところがないか、また制度の大枠は取り入れるにしてもわが国の実情からしてどういう点を修正するべきかを調べに行くのである。調査者の視点には、常に「わが国」がなければならない。調査に際し先方に質問をする場合にも常にわが国を頭にえがいていなければならない。たとえば相手国にとっては大変重要な事項であっても、わが国にとってはさして大きなテーマでなければ、その事項は軽く扱って良いのである。逆に先方での扱いが軽いものであっても、わが国で問題となりそうな事項については、かなりのスペースを割かなければならない。

高名な歴史学者であったE・H・カーはかつて「歴史とは何か」を説いて、「歴史とは、「現在と過去との対話である」と述べている。そのいわんとしているところは、歴史とは単に過去に起こったことをありのままに羅列したものではなく、現在の視点から意味のあるものを現在の観点からとらえたものである、ということのようである。この例にならえば、外国の制度を役人が調査し、その報告書を書くということは、わが国と調査相手国との対話をつづるということになろう。その報告書は、わが国の国情を踏まえて発せられた問いに対して答えていく、その結果をまとめたものということになる。

たとえば、1999年にわが国で法律が制定されたPFI（private finance initiative）について、英国に調査に赴いたとしよう。サッチャー政権は、英国経済の停滞と国家財政の窮乏を前に、政府の役割の縮小を図り、民営化、規制緩和を積極的に推進したのである。そして、その一環として、一定の公共事業を、政府の資金ではなく民間の資金を活用することによって推進することとした。これがいわゆるPFIである。

わが国の役人の調査としては、政府部門が大幅な財政赤字に陥っていること、しかもその状況下で広く必要とされる公共事業を民間の資金を使って円滑に推進しうるということからこのPFIの意義は、わが国にとってもきわめて大きいと評価するのは当然であろう。

しかしながら、英国の場合には、個人貯蓄を郵便貯金等で吸収しこれをベースに公共事業を行なうという財政投融資制度は存在しない（ある意味では、わが国の財政投融資制度は一種のＰＦＩとも言える）。また、わが国では、道路、河川、海岸などは「公物」として国の強いコントロール下にあるが英国ではそうではない（すなわち英国の場合のように容易に公共事業を民間が行ないうるシステムではない）。したがって、「わが国と外国との対話」の結果生まれるＰＦＩの調査報告書には、ＰＦＩが有用であるという記述とあわせて、わが国と英国のこのような事情の違いやそれがもたらす影響について記述されなければならない。公共事業実施のシステムの違い、ファイナンスをするための金融商品の作成技術、金融マーケットの成熟度の差異についても触れられなければならない。

なお、英国ではその後、財政事情が好転したため財政事情の観点からのＰＦＩ推進の必要性は大幅に減じたが、ＰＦＩそのものの効用は依然減じていないといわれている。その理由は公共事業は民間に任せたほうが安くつくことがわかったからとされているようである。すなわち、財源上の考慮からの必然性は減じたがコスト削減上のメリットから推進されているというわけである。

だとすれば「わが国と外国との対話」の観点からの調査報告書にこのような変化を明

確に記述すべきであろう（わが国においても公共工事のコスト削減は大きなテーマだからである）。そうして、次の質問は、そういう仕組みの下で公共工事の質は低下していないのか、その質のチェックは誰がしているのか、そもそもそういう工事を民間に発注する場合に、その公共工事の達成すべき基準は誰がどういう手続きで決めているのか、ということであろう。そして、これらに対する答がこの調査報告書に書かれていなければならない。なぜなら、これらが、わが国がＰＦＩを推進しようとするときに気になることだからである。

主観も大切——会議の報告書

会議に出席した際の報告書も役人の視点で書かれなければならない。自らが従事している行政の一環であるとの視点に立ったものでなければならない。この報告書も、先の調査の報告書と同様に、会議の模様を逐一正確に記したものでは合格というわけにはいかない。そこでは特に次のようないくつかの点に留意することが大切である。

その第１は、その報告書には単に会議で話し合われたことや、その結論の記述のみでは不十分であり、会議の前後、あるいはその休憩時間や食事の際の意見の交換ややりとりなどについても大切なものについては言及すべきである。公式の会議は、ややもすれば総花的なものになりがちであり、またその会議での議論いかんにかかわらず一定の結論が出されることがあるからである。会議の背後で、ごく少数の関係者の間の話し合いで結論が決められたり、極端な場合にはそもそも会議が開かれる前から結論が決まっていることがある。役人としては、結論と同様に、どういうプロセスで、誰がかかわって物事が決まったかは、将来の会議への対応の仕方にもかかわるものであるので意外に大切である。また、行政に責任をもってかかわろうとする者は、次の行動（次回の会議）にどう対処するかをも考えて報告書を書く必要がある。

また、会議の報告書は一般的に客観的に書くべしとされているが、時として主観を交えて書くべきである。ただし、報告書の中では、客観的に書いたところと主観的に書いたところが明瞭にわかるようにすべきであることは言うまでもない。まして、希望的観測を事実であるかのごとく書くことは厳に慎まなければならない。

主観的に書いたことは間違っているかもしれないし、正しいかもしれない。しかし、その会議の場でどう感じたかは、会議に出席した者でないと書けない。なぜそう感じたかを状況証拠とともに出張報告書に書いておけば、それを読む人は、その出張者の実力などを考えながら「そうだろうな」と思ったり、「これは彼の判断が間違っている」などと考えたりするのである。

また出張報告書は役人にとっては単に終了した会議の内容を伝えるためだけのものではない。それは、同時に、将来生ずべき問題としてどういうことがあるのか、その背景は何かを関係者に広く知ってもらうためのものでもあるのである。そこで、会議ではごく軽く扱われたものや、場合により、たった一人の参加者が披露したに過ぎない考えであっても、将来問題になりそうな事項であればそれを書き留めておかなければならない。やや誇張していえば、報告書とはそれを読む人を教育するためのものでもあるということである。

タイミングを上手に

調査の報告書の場合も、会議の報告書の場合も、早くこれを読みたい、内容を早く知りたいというのが関係者の一般的な希望である。特に、交渉の結論は一刻も早く知りたいというのが人情であろう。しかしながら、関係者のこういう要望に押されて拙速で不十分な報告書を作成してはならない。一度書かれたものは、それ以降筆者の手を離れ、どんなに不完全なものであってもそれ自身の生命を持ちはじめる。知らないうちに不正確な情報をベースに世論が形成されたり、誤ったことが事実として流布されたりすることがあるからである。

ただ、事柄によっては、一刻も早くその関係者が結論を知らなければならないものもある。さまざまな交渉の結論などがそうである。この場合、完全な報告書のほか、とりあえず結論と要点のみを記した紙１枚程度の報告書をつくることも検討に値しよう。ある著名な国際金融機関は、外国への出張が終わると、帰国後24時間以内に「24時間レポート」と称する１、２枚のメモの提出を義務づけている。参考に値する工夫である。

６　国民への文書

役人は文章が下手だ

これまではもっぱらその文書の読み手が役人である場合をとり上げた。この場合、読む人も一応当該事項についての一般的な知識を持っていることが多く、読む人の関心もおよそどういうことが書かれているかよりは、境界線上のケースが具体的にどういうことになっているかに興味を持っている場合が多い。文章が長くとも、論理的に書かれている限り読み手がそれでウンザリすることは少ない。ところが、読み手が役人でない場合は、長い文章を読むことにそれほど慣れていない。また、その文章にどういうメッセージが込められているか、どういうことが書かれていないかを直ちに判読するという立場にはない。そこで、国民一般に向けた文書を書くときには、その文書を書いている本人が役人であること、したがって通常自分が書き慣れた文章ではその目的を達成しないであろうことをよく自覚することが大切である。役人は、国民へ向けた文書の作成が下手であると自覚することが肝要である。

等、喫緊、前広

役人が書いた文書に対する国民の評判は控え目にみても芳しいものではない。「賛成なのか反対なのか、何を言いたいのかわからない」とはよく耳にすることであるし、「わざと不明確にして責任逃れをしている」との感をもっている人も少なくない。これらの批判は必ずしもあてはまるわけではなく、役人としてはそれらは正確さを追求したり厳密に書こうとしていることの結果であることが多いが、そこまで理解してくれることを期待するのはむずかしい。そこで、そういう認識が国民の側にあるということをよく知って文章を書くようにしなければならない。

役人の文書に多く登場する言葉に「等」というのがある。私がときどき参加する会合に、「国際金融等を考える会」というのがある。これは、国際金融について考えることを主にした会ではあるが、それ以外の事項、たとえばマクロ経済なども考える会であるという意味である。いかにも役人らしい発想であるが（この会の幹事は役人ＯＢである）、こういう「等」は国民向けの文書にはあまり使わないほうがよかろう。先日、街路に「自転車等置き場」という区役所がつくった掲示を見つけたが、この場合の「等」は、自転車のみならず「バイクも置きうる」ということを示したものであろう。国民への文書への「等」はこの程度のものに限るか、そうでない場合には「等」が何を意味するのか注書きが必要なのかもしれない。

同様に役人の文書によく登場する言葉に「喫緊」というのがある。国語辞典には、「大切の意の漢語的表現」などとあるが、多くの場合「急を要する大事なこと」の意味で使われる。「キッキン」と読まれるこの語は、これを使った役人自身が「キンキッ」などと読み間違えることがあるが、その語感からいかにもそれらしく見えるためか、役人の間では愛用されることが多い。さすがに一般国民向けにこの語が使われることはないようであるが、審議会の答申の文書や報告書に時折使われている。

「前広《まえびろ》」という言葉も役人にとっては便利であるが、国民にとってはなじみの薄いものである。「時間的に十分に余裕をもって」という意味のこの語は、簡単な辞書には掲載されていない。「出張の予定を前広に知らせて欲しい」などと使われるが、おそらく英語の“well in advance”にあたるものであろう。

「検討する」は、「やらない」ことか

国会における答弁や一般の人々への役所からの回答に「検討する」とあるのは、役人言葉で「実行しない」という意味だとする解説がある。また、「長期的課題」というのは「当面何もしない」ことだと言われることがある。だが、多くの場合これらは間違いである。

これが学者であれば、その存在意義はいろいろのアイデアを出し、その分野の研究を前進させることである。たとえ、それらのアイデアが間違っていてもそれが研究の進展に貢献すればそれなりの役割を果たすことになる。たとえば、有名な経済学者であった

ケンブリッジ大学のニコラス・カルドアは、個人の貯蓄率がどうなるかということについてのいわゆる「貯蓄関数」を2ないし3個提案している。これに対して同じ人がいくつもの説を唱えるのはおかしいではないかという批判はあまり聞かない。

学者の役割としては、いくつかの新しい説を出し、その結果そのテーマについての論争が深まり、それを通じて正しい結論が得られれば、それなりの貢献をしたことになる。彼が示す説が常に正しいものであることは期待されてはいない。

ところが、役人の場合には、その結論が多くの人の生活に直接かかわるので、そうはいかない。その結論は「正解」でなくてはならず、そのためには、それにいたるプロセスにおいて、常に間違いをおかしてはならない。間違いをおかさないためには、それぞれの段階で物事ができるだけ正確でなければならないのである。

「検討する」は文字通り、「検討する」ことであり、「長期的課題」も文字通り「長期的課題」である。早くこの道路を建設して欲しい、とか、騒音を低下させるための規制を強化して欲しい、とかいう具体的なことを要望している人にとっては、これでは不満だ、すなわち「検討する」ことは「実行しない」ことだということになる。

「政策評価」と「パブリック・コメント」

国民へ向けた文書の重要性は今後一層高まるであろうから、それに向けた役人の努力も一層求められるであろう。それは、抽象的には、「アカウンタビリティ（accountability：説明責任）」「開かれた政府」「行政におけるNPOの参画」といった一連の流れと密接な関係にある。

2001年1月の中央省庁の再編を機として取り入れられた手法の1つに、「政策評価」がある。これは、各省庁の役割や運営を、それらの省庁の個々の政策の評価に結びつけようというものである。各省庁について、その政策目標を定め、それをどの程度達成したかを評価して、その組織を削減するか伸ばすかを判断する一助にしようということであろう。そのため、各省庁には、たとえば「政策評価官」といったそのためのポストが設置されているし、それをたばねるポストが総務省に新設されている。政策評価を上手に機能させるためには、役所のほうから個別の政策に関連して、国民にわかりやすく適切なメッセージを送ることが求められる。また、国民の意見をタイミング良くくみ上げることが一層大切となる。

「パブリック・コメント」の制度は省庁再編より以前に導入された制度である。これはたとえば、国民の権利や義務に直接関係のある事項などについて新たな仕組みを導入しようとする場合には、事前にその原案を国民に示し、これに対する国民のコメントを得て、それを参考にするというものである。現在では、政令や省令を制定する多くの場合に、この「パブリック・コメント」制度が活用されている。この場合、これらの原案やその内容が国民にわかりやすいものであるべきなのは当然であろう。

「正確さ」と「わかりやすさ」の調和

かくして、役所の国民に向けた文書については、「正確さ」と「わかりやすさ」という究極的には相容れ難い2つの要請を、どう調和させるかという問題が生じる。

これは予想以上にむずかしい話題である。かつて、きわめて明快かつわかりやすく話をする大蔵大臣がおられた。この大臣は、「大蔵省の役人の（役所の外に出す）文書は、わかりづらい。もう少し、断定的に、かつ、明確にせよ」という主張であった。自らの公の場におけるスピーチにも大幅に原案を修正された。この大臣の話はわかりやすいとして大変評判が良かった。

ところがこの単純明快さをもってなる大臣もアジア開発銀行などにおける日本国総務

としてのスピーチや、外国人との面会の際には、慎重な話しぶりであった。結局は、この「わかりやすさ」と「正確さ」との調和は、その相手方やテーマにもよるものであろう。

7 文章を速く書く

文章は短時間で書ける

「文章を書くのは苦手でしてね」とか、「文章を書こうと机に着くのですがなかなか進まなくて……」という話をよく聞く。ところが、実は文章を書くのにそれほど時間はかからない。

時間がかかるのは、どういう内容の文章にするか、その文書の結論をどうするのか、その結論にいたるまでの文書の構成をどうするか、を決めるのに時間がかかるだけなのである。

自慢めいて恐縮ながら、筆者は役人時代、文章を書くのが速いと言われていた。そのことは、筆者が悪筆であることと同程度に、まわりの人に知られていた。たとえば、筆者の関係した書である『展望　日本の不動産証券化』（大成出版社）についてのレヴューで、かつての上司であった広瀬勝氏は、『財経詳報』（２００１年2月25日）の「財経書評」欄において、次のように書いておられる。

本書は、技術論に堕さず本質論を的確に提示しているところにも、さわやかさがある。さらに、文章が極めて平易で流れるように読ませる面もある。編者の久保田勇夫氏は、大蔵省時代から、その文章が達意巧妙にして平易で、しかも速筆である。「達意巧妙」は別として、速筆であったのは事実である。いずれにしても、時間的な制約のある役人の場合、速く文章が書けることは、１つのメリットである。

文書の決め手は質ではあるが……

文書の基本は書かれている個々の事実が正確であり、結論が妥当であることであるが、これは最低限必要なことである。最終的に文書の価値を決めるのはその書かれている内容であり、その結論であるからである。役人たるもの、いかにして正確な文書を書くかとともに、いかにして質の高い文書を書くかに努めなければならない。ところが、これだけでは十分ではない。膨大な仕事を限られた人数で限られた時間内に処理しなければならない役人にとっては、加うるにこの文書が速く書けなければならない。

正確な定義、専門的知識を駆使して、論理的に正しい結論へ導く文書を速く作成するのである。そして、これを短い時間の中でどうして実現するかについては、いくつかのヒントがある。

足で考える

文章というのは長い間じっと机に着いて苦吟しつつ書くものだと思っている人が多いが、これは間違いである。質の高い文書の決め手がその結論が正しいかどうかである以上、どうしたら正しい結論を得られるかに最大のエネルギーを注ぐべきである。机に着いて文章を書くためにはさして時間は要らない。当該テーマについてよく勉強し、関係者と議論し、考え方を整理して正しい結論を出しさえすれば、あとは一気に書けるのである。そして、このプロセスで最も大切なことは、自ら考えに考えることである。

この考えるということはどこでもできる。電車の中でも、音楽を聞きながらでもできる。筆者の経験によれば不思議なことによく歩いているときに考えが進んだように思うし、多くのアイデアが浮かんだように思う。身体全体の血行が良くなれば頭脳にも酸素がよけいに運ばれることになるのであろうか。朝の通勤の際の駅までの20分あまりの徒歩の間や休日の散歩の途中に突然考えが進むことがあった。昼休みに外を歩きながら「ああでもない、こうでもない」と考え、それなりの結論にたどりついたこともあった。いわば「足で考える」ことが大切である。

頭で書く

「足で考える」のは、文書の決め手であるその「結論」についてのみではない。その文書をどういう構成にするのか、どういう表現が最も効果的かについても考えるのである。あわせて、その文書を巡って議論する参加者の顔ぶれやその性格、会議をリードする上司の当該テーマについての関心の持ち方などを思い描くのである。望むらくは、その文書をどういう言い方でまず紹介するのか、全体の議論をどういうふうにもっていくのかという会議のシナリオまで考えるのであり、それを前提にした文書をつくるのである。いわば、文書を頭の中でつくってしまうのである。

ここまでいけば、いざ机に向かったときには時間はかからない。鉛筆で書くのに要する時間さえあれば、一気呵成に、文書は完成するのである。

第2章　交渉編

1　交渉の大切さ

役人の真価は交渉力

正確な文章を書くことは役人の基本であるが、役人の真価はその交渉力にある。役人の組織における評価は、その交渉力にかかっているといっても過言ではない。逆に、その役人の評価が、当人を昔から知っているからとか、同じ大学の出身であるからといったところに着目して行なわれるとすれば、その組織は官僚機構の中では衰退すべき組織であるし、国全体の視点からも好ましくない組織である。

交渉には、さまざまの形態がある。国内での交渉や外国相手の交渉、許認可の対象となる相手方との交渉のようにイコール・フッティングでない相手方との交渉や、そうでない交渉、1対1の交渉や1対20といったほとんど味方のない交渉、さらに、だいたい落ち着き先のわかっている交渉やどう展開するかまったく予測がつかない交渉などがある。また、関係者の立場を尊重して行なうといったようにただ交渉をやったという歴史をつくるためだけのものもないわけではない。

「わが交渉」

筆者は、役人としては、比較的多く交渉ごとを手がけてきた。この章に記すことは、その経験を踏まえてのことである。異例のことかもしれないが、筆者の交渉歴の一部についてまず紹介しておきたい。

1974年度の税制改正では、主税局の税制第二課の担当課長補佐として、自動車重量税およびガソリン税の増税にかかわった。ちょうど第7次道路整備5か年計画策定の年であり、その財源対策として結局、自動車重量税を2倍に、ガソリン税も20％引き上げることとなったものである。その担当課長補佐として、各省庁との折衝、与党との擦り合わせ（個人の議員への根回しや党機関への説明）、法制局審査、法律案作成、国会答弁、政省令の作成という一連の仕事にかかわった。役所としての交渉相手は、道路財源という意味で建設省、事が自動車にもかかわることであることから運輸省、石油および自動車産業に関連することから通産省、そして地方の道路財源にかかわるものでもあることから自治省（現・総務省）であった。

建設省およびその関係者はともかく道路財源の捻出に熱心であり、増税幅は大きいほど良い、通産省は石油行政と自動車産業所管の立場から増税は実施するにしても低く、かつ、自動車重量税とガソリン税とはバランスをとるべしとの立場、運輸省は基本的には自動車重量税の増税に慎重、自治省は地方財源充実の視点から地方道路譲与税に関心、といったそれぞれ異なった立場であったと記憶する。大蔵省主税局に固有の主張があったのはもちろんである。

１９７６年度の税制改正の際には、筆者は税制第一課の法人税担当の課長補佐として、租税特別措置の大幅削減にかかわった。それまでは、その特定の事業や事業分野のために一定の租税特別措置を設けることはむしろ好ましいとする傾向があったが、新しい局長の下で租税特別措置は徹底して見直すべきだということになった。そこで、期限が到来していない分も含めて（それは租税特別措置の性格からして異例のことであった）すべて見直そうということになり、筆者はその削減のため、通産、建設、運輸、農林各省など合計14省庁を相手に租税特別措置の廃止またはその縮減の交渉にあたった。結局関係者の協力を得て、法人税関係では全体で98ある租税特別措置のうち、廃止13、縮減50（ただし創設8）となり、全体の5割を何らかの形で整理するということになった。

国際金融局（現・国際局）の審議官の時代には援助担当として、アジア開発銀行、世界銀行、米州開発銀行などの増資交渉やモンゴル、カンボジアの援助国会議、世銀の株主の会合である開発委員会の議論などにかかわった。1994年に決着をつけた米州開銀の増資交渉は、米国がその出資シェアを減少させることに伴い、それ以外の先進国がどういうふうにそのシェアを増大させるかということが1つのテーマであった。ここにいうシェアとは、いわば株主の持株数のようになるので、このシェアが大きければ、理事といういわば役員を常に送り出すことができ、米州開銀の政策に大きな影響力を行使しうるというので、いずれの国も折あらばそのシェアを拡大しようとするのが常である。

米州開銀とは、中南米の開発のために融資をする国際開発金融機関であり、アジア開銀の中南米版である。というよりは、正確には、アジア開銀は米州開銀にならって、わが国のイニシアティブによって創設されたものである。当時、米国以外の主要国は、日、独、伊、仏、英、スペインがそれぞれ1％のシェアを持っていた。欧州諸国は、これら諸国のシェアを平等に2％に拡大したいということであった。わが国としては、わが国の経済力や米州開銀との密接な協力関係から、4、5％のシェアとすることを考えていた。交渉の相手方は、アメリカ大陸諸国以外の先進国であり、具体的にはヨーロッパ各国およびイスラエル（これも文化圏としてはヨーロッパである）であった。結局、米州開銀当局やラテン・アメリカ諸国といった当面の交渉相手以外の支持もあり、なんとか目的を達成した。交渉の過程では、相手方から、時として卑劣な手段での妨害を受けるなど、全面これ敵といった状況であり、昭和19年6月硫黄島上空において、ゼロ戦一機で15機の敵グラマン戦闘機の攻撃をしのいだ「大空のサムライ」坂井三郎氏の叙述を思い浮かべつつ交渉したものである。

国際金融局次長の時代には、日米金融協議を日本側の議長として担当した。将来のわが国の年金業務の増大を見越した米側は、年金資金の運用対象の拡大、外国為替管理法の改正、証券の定義の改正など多くの主張を掲げていた。先方の議長は年齢が20歳ほども若いガイトナー次官補代理（後に財務次官）、きわめて手強い相手であった。理財、証券、銀行、国際金融の各局の代表者からなる当方も論理的かつ強力に対応し、94年12月

29、30日のシアトルでの徹夜の交渉を経て、なんとか1月初旬の村山総理の訪米前に話をまとめることができた。一般的に米国との合意については、たとえば日米保険協議のように、後になってそういう約束をしたとかしなかったとかの問題となることがある。だがこの日米金融協議についてはそういうことは一度も起こっていない。その理由の1つは、このテーマについては、関係者が激しく応酬して、いわばガチガチにその合意の内容を固めてしまったためである。

2 先方の話をよく聞く

反論せずに聞く

交渉の第一歩は、先方の話をよく聞くことである。『孫子』は、「彼を知り、己を知らば百戦殆《あやう》からず」と説くが、「彼を知る」の基本は、彼、すなわち先方が何を考えているかその話をよく聞くことである。そしてその際注意すべき具体的な点がいくつかある。

その第1は、相手の言っていることにおかしい点がある場合にも、まずは反論を控えるということである。目的は、相手が何を考えているかをよく知ることであるから、できるだけ相手に話をさせる、そのためには反論をさし控えるということである。予算の要求を聞いたり、租税特別措置の要求を聞いたりしていると、先方にはどう考えても身勝手な主張がある。だが、ここは論争の時ではない。黙っていろいろと話を聞いていると、その背景、関係者、事柄の重要度など、その後の交渉にとって大切なことがわかってくる。筆者が主税局の課長補佐になっていわば一人前の仕事をさせられるようになって、担当の課長からまず厳しく言われたのは、このことであった。

質問をする

第2に、それでもおかしいと思われるときや、そうでなくとも先方の考えが整理されていないときに、質問を試みることである。たとえば、法人税の租税特別措置の整理が進められているときに、金融機関の貸倒れ引当金だけは縮減しないで欲しいという要望が述べられる。当方からは、「全体として見直しをしているときにどうして銀行だけ特別扱いすべきだということになるのですかねえ」と尋ねる。先方は、「貸倒れ引当金は銀行の財務体質の強化に不可欠ですし、それに銀行はわが国の資金の流れというい わば血液の循環にもたとえられる機能を果たしていますから、他の産業とは違います」と答える。

こういう質問をすることには、交渉者として、いくつかの意義がある。1つは、それが「はて、これで良いのかな」と先方が反省するきっかけとなる可能性があることである。だが、現実にそういう効果があることは少ない。先方の確信はとても強いのが通常だからである。もう1つは、それによって、将来、交渉がどんどん進み、交渉者のレベルも課長補佐から課長、さらには審議官、とランクが上になるにつれて、その時点で先方が新たな主張をしてくることはないか、およそ全プロセスを通じてどういう論陣を張るつもりなのかをこの早い段階で把握できるということである。一連の交渉で警戒すべきことの1つは、上のランクの交渉のときに先方が突如として新しい主張をし、これに当方の上司が上手に対応できずに、いわば沈没させられることである。

相手の立場に身を置く

第3は、相手の立場に立ってものを考えることである。よく意地悪をしている子供に対して、「そういうことをしてはいけません。あなたがそういうことをされたらどうですか。相手の立場に立ってものを考えなさい」と言うが、ここでいう「相手の立場に身を置く」とは、それよりもっと深い意味においてである。

たとえば、先方が新しい道路計画の実施に必要な財源とすべく、道路関係の諸税の増税を求めている場合を考えてみる。道路の計画的な整備がその官庁にとってきわめて大切なことであり、その計画について5年に1回の見直しの一環としての増税要求ということであれば、先方の意気込みは格別である。その背後には関係の地方公共団体、強力な国会議員があり、建設業界がある。建設省にとってはその年の最大の予算折衝事項であり、一歩も引けないところである。担当の課長は当然ながら将来の次官候補と目されるきわめて優秀かつ有力な人物である。

こういう場合に、自らを長年建設省で働いてきた役人と想定し、その背後に有力な関係者を抱えていると想像するのである。そういう場合に、自分がどの程度、切羽つまった状況で先方（この場合には主税局）にあたってくるだろうか、どういう手法でくるだろうか、どの程度の増税を本気で主張するかを考えるのである。単に相手の立場に立つというよりは、自らがそういう環境にあり、そういう輿望《よぼう》と責任とを持って事にあたると想定してみるのである。そうすればこれまで見えなかった先方の意図や将来の予想される対応がより明瞭になる。

増税の交渉の真っ最中に、主税局のときの幹部が突然、「オイ、自治省の言っている通りではないか。彼らも苦労しているようだから彼らの言う通り国の自動車関係諸税の増税分を削って地方の増税分を増やしてやったらどうか」との発言があり、あわてた経験がある。これも今にして思えば相手の立場に立ってものを考えるというプロセスの1つではなかったかと考えている。

当初探るべき3つのポイント

将来の交渉をうまく進めるためには、相手の話を聞きながら、次の3点を整理することが大切である。

第1は、先方は、どういう背景で、なぜそういう要求をするかということである。先の例で言えば、銀行の財務体質の強化のためとか道路整備5か年計画実施のために必要だということになる。この理由を知ることは、先方がどの程度、その当初の要求にこだわるのか、を予測するのに有益である。

第2は、先方の各種の要求の中でのプライオリティを探ることである。通常、役所としての要求は1つではなく数多くあるが、その中には先方にとって重要なものもあればそうでないものもある。所詮は折衝ごとであり、先方のすべての要求を飲むことはできない場合が多い。また、いわゆるダメモト（どうせだめであるが、もしかしたら認められることもあるのでとりあえず用意しておく）といった要求項目もある。当方にとってどちらでもよい場合には、先方にとってプライオリティの高い項目を認めることになるのが通常である。ただし、先方のプライオリティが高いからといって必然的に当方が認める項目としてのプライオリティが高いものとなるものではないことは当然である。

第３は、先方のその項目についての真の実力者は誰か、言いかえれば、真の決定権者は誰かを見極めることである。通常、役職の上にある者に選択や決定の権限があると考えがちだが実態は必ずしもそうではない。特に日本の組織ではそうではない。局長は最重要の項目のみ自ら決定し、そうでない場合には課長の判断をもってその局の決定とすることもある。この場合には課長が事実上の決定権者ということになる。関係者の個性によって事実上の決定権者が異なることもある。そこで、当議交渉事項についての真の決定権者が誰であるのかを要求を聞く段階で見出しておくのである。そうすれば、交渉がもつれて短い時間のうちに何らかの決着をつけなければならないといった場合に、この真の決定権者と接触して事を進めれば効率的に処理することができる。

先方の人物を知る

相手方の要望を聞く段階で把握したいことの1つは、当面の交渉相手（それはその交渉が続いている限り、常に当方の相手方であることが多い）をよく知ることである。

物事を小出しにする人か、最初からはっきりモノを言う人か、思っていることの10分の1しか言わない人か、大袈裟に言う人か、情熱的な人か、クールな人か、論理のない人なのか、情緒が勝る人なのか、といった個人的資質の把握は早ければ早いほど良い。

あわせて、先方の属している組織の中でのその人の地位の把握も大切である。この場合、その組織の中の地位の上下が必ずしもその影響力とマッチしないことに気をつける必要がある。課長補佐であっても、自分の2、3階級上の局長を説き伏せてしまう剛の者もいれば、逆に審議官クラスであっても課長クラスの実力しかない者も散見される。当面の交渉相手が実力者であれば、ことがらが相当込みいってきてもその人を相手にしていれば話を進めることができるし、そうでない場合には、早々にその人を相手にすることを打ち切ったほうが効率的だということになる。

さらにできれば、相手方の動作や話しぶりの特徴をつかむことが有益である。筆者が相手にしたある省の課長補佐氏は、「正直なところ」ということをよく話の中にはさんだが、この場合、それに続く話は不正直なことが多かった。すなわち、この人が、「正直なところ」と言い出したら、その後の話は嘘とは言わないまでも誇張されたものと考えればよいのである。また、自分に分がないと思われることを主張する際には、奥歯に息をあてて「スー、ハー」と言いつつ話す人物がいた。この人が「スー、ハー」と言い出したら、自分ながらこの主張は厚かましいかなと思いながらものを言っている証拠である。その際には、「そういうことはダメですよ」と言えば、「それはそうでしょうなァ」と引き下がってくれる。

また、正直でないことを言っているときには目をクルクル回してチラッと空の一点を眺める癖の人もいた。この人がこういう動作をしはじめると悪だくみを考えているということになる。

このほか、エラの張った人は頑固だとかいう、いわゆる骨相学上の人物判定も好みに応じて応用してもいいだろう。

先方がどういうことに重きを置くかもこの早い段階で知ることが望ましい。理屈を言う人、理論に強い人だということであれば、後日の交渉のときには理論で攻めることが有効である。情に重きを置く人には情に訴えることが有益だ。こういう人に理論で挑んでも「理屈はそうかもしれないが、それでは私の立場が無い」などといったことで頑張られることになる。こういう人には、望ましい結論にならないと自分（私）が立場上どんなに困るかを説き、また、そうなってもあなたがどんなに困らないかを説明するのである。

いろいろ述べたが、たぶん最大のポイントはまずはこの段階で自分の当面の交渉相手がどの程度信頼しうるかの瀬踏みをすることである。いかにさまざまの技術を駆使しようと、交渉成功のカギは、先方と当方の信頼関係である。これは洋の東西を問わない。したがって、先方の要望を聞くという交渉の最初の段階で、当面の交渉相手がどの程度信頼しうるかを知ることはきわめて大切である。

3　戦線の整理をする

自分で処理しうるか

先方の要請を聞いた次のプロセスは、対処方針を決めることである。先方の要望の多くは、自らの権限の範囲内にはないであろうから、このプロセスは、局長、課長といった幹部を巻きこんでのものということになる。そして、その決定にいたる道筋は、第1章に述べた3つの文書、すなわち「分析の文書」「検討の文書」および「説得の文書」をベースに行なわれる。

どういう対処方針をつくるかはそれぞれのテーマによってきわめて個別具体的になるので、ここで一般的に述べることは困難である。ここでは、その対処方針に担当者として準備する際に特に注意すべきことを述べておく。

その1つは、先方の要望する内容が、自分の陣営のどのランクで決定しうるものかを見極めることである。具体的な要望が、たとえば省令の通達の範囲内であって、なおかつこれらの通達や省令が抽象的に定めるものの具体化である場合には、その要望に応えるかどうかは担当課長や課長補佐で決めきれるものであることが多い。

他方、たとえば、租税特別措置の創設ということであれば、これは法律の改正を要することであるから、少なくとも局長マターである。事が増税にかかわるということであれば、当然政治的な要素を含んでいるので、役所だけの判断でこれを実施しうると考えることは危険である。また、たとえば、5年ぶりの道路整備計画の改定に伴う自動車重量税、ガソリン税の増税といったことであれば、そもそも道路の整備をどの程度行なうべきか、増税を行なった場合それが自動車産業や石油業界に与える影響はどうか、エネルギー、環境対策としてはどうか、といった幅広い事項にかかわることになる。関係の省庁のみでなく、それぞれの業界も当然重大な関心を持つであろうし、政治家の注目度もきわめて高いものとなる。言論界、学界の関心も大変大きいものとなる。

担当者としては、その担当するテーマが、課長、審議官、局長、大臣、と連なるヒエラルヒーの中のどのレベルで処理すべきものか、また、そのテーマの処理に関して相手とすべき関係者がどの程度の広がりを持つかを正確に把握しなければならない。

この際、最も避けるべき事態は、当初自分で処理しうると判断し上司や関係者に十分相談せずに交渉を進めていたところ、その交渉の途中の段階で、そのテーマがとても自分の手に負えるものではないということが判明するということである。相談も受けず、事前に話も聞いていない上司が突如としてうまく進んでいないテーマについて「これをなんとかお願いします」と言われて困ることは当然のことであろう（かと言って、とても些細なことまでいちいち相談されては上司としてもたまらないところであり、その兼ねあいがむずかしい）。

相手の実力者を見つける

次に、相手の省庁で、当該事項についての本当の実力者を正確に見出すことである。前節で述べたように、当該テーマについての実質的な決定権者は、そのポジションの上下に関係がないことが多い。交渉をする身としては、自分が相手にしている先方の交渉担当者（それは、当方が課長補佐の場合には、先方は課長補佐か課長であろう）が真の決定権者であれば好ましいが必ずしもそうではない。

交渉をするという視点からは、この相手方の真の実力者が誰かを見出すことは、その交渉をする際に、少なくとも表面上では、どのレベルで主として交渉をするかにかかわってくるという点から重要である。

たとえば、そのテーマについて先方の実力者が審議官であるということであれば、交渉が行きづまった場合には、審議官同士で交渉しなければならない。すなわち、当方からも審議官が出て交渉しなければならないことになる。省によっては課長クラスが異常に力を持っているところがある。また、いわゆる技官と事務官の身分が峻別されており、合理的なことについても事務官の上司が技官の部下を指導しえない傾向のある部署もある。また、一般的に言って、この真の実力者のランクは時代とともに上がっていく傾向がある。すなわち、かつては課長補佐が決定していた事項が、時代が下るにつれて、さまざまな理由で課長や局長によって決定されることになるという傾向があることは要注意である。

自陣の実力者を正確に把握する

先方に対するのと同様の対応が、自陣、すなわち自分の省庁についても求められる。通常は直属の上司、たとえば課長補佐であれば課長が最大の関係者である。ところが、そのときの人の配置、関係者の経歴、個々人の性格によっては、必ずしもそうではないことがある。

たとえば、先に述べた法人税の租税特別措置の大幅な整理という場合には、テーマが大きく、かつ各省庁に幅広く関係するという理由で、担当の税制第一課長ではなく審議官や、主税局各課を束ねている総務課長が実際に仕切ることになる。それは、租税特別措置の大どころが法人税や所得税といった税制第一課の仕事であるにしても、その処理いかんが間接税（担当は税制第二課）や地方税（担当は税制第三課）にも影響を及ぼすからでもある。

　また、かつてガソリン税の増税や自動車重量税の創設を課長として担当した人が審議官であれば、これらの税の増税にあたっては、担当である課長とともに、その審議官の果たす役割が大切である。

　上司には、乱戦に強い上司、平時に強い上司、攻めを得意とする人、守りに滅法強い人とさまざまである。そこで、乱戦の際には乱戦で名を成した上司に、守りの戦いのときには動かざること山の如しといった上司に、それぞれよく相談をして、仕事を進めることが大切である。そのためには、これらの上司を早い段階から交渉のプロセスに巻き込んでおくことが肝要である。

　第３章で述べるように、上司と部下との関係は、常に上司が部下を使うとは限らず、時として部下が上司を使うことがあるし、また、むしろそれが望ましいことすらある。

4　交渉時の留意点

意見の伝達を正確に

先方の要望が伝えられ、当方の内部での検討を経て当方の対処方針が定まるといよいよ交渉が開始される。その第一歩は、当方の意向を正確に先方に伝えることである。これが意外にむずかしい。

まず、当方の説明がはっきりしていなければならない。すなわち、こちらのメッセージを正確に発信しなければならないのである。先方に対して、たとえば「(A)そういう要求は認められない」のか、「(B)そういう考え方には賛同できない」(別の考え方があればその要求を認める可能性がないわけではない)のか、「(C)そこまでは認められない」(認めるけれどもそこまでは無理である)のか、「(D)そのまま認める」のかをはっきり伝えることである。

ただ、当方の意見が正確に伝わらない理由が先方にあることも多い。いわば受信機の感度が良くない場合である。交渉に慣れていない人は、結論のみに注意して当方の話を聞く。当然といえば当然であるが、先方の興味はその結論にあるのでそれに注意が集中し、当方の説明の述語や大まかな感触のみを頭に入れるのである。そこで、たとえば、(B)の場合にも、「大蔵省は認めない、と言いました」という報告がその先方の上司に伝えられることになったり、また、(C)のケースが、要求がそのまま認められたと報告されることがある。しかも、これらの事例が結構多い。

もっとも、先方が交渉について歴戦の強者《つわもの》である場合にはそういう心配はいらない。当方の説明に対して、たとえば(B)のケースについて、「ということは別の考えであれば認める余地があるということですね」とか、(C)のケースについては、「では途中までなら良いのですね」とか念を押してくるからである。

ただ、歴戦の強者であり過ぎる場合には、意図的に当方の説明をゆがめて上司に報告することがあるので注意が必要である。たとえば、(C)のケースについて、気の利き過ぎる交渉者は、「今のままではすべては認められないそうですが、もう少し理論武装すればすべてを認めてくれるそうです」などと言いかねない。

したがって、きちんとした交渉をしようとすれば、当方の判断を文書にして相手に渡すことが望ましい。そうすれば先方に対して正確に意図が伝わるし、また、その文書は当然当方も拘束することになるので、相手もより一層信頼して交渉に臨んでくれるということになる。

意思疎通が不十分なために交渉がうまくいかなかったり、話がこじれたり、交渉の基礎となるべき相互の信頼関係が壊れることは、意外に多い。その昔、当方の対処方針を決めた局議の内部文書を交渉の相手方にわざわざ示して（それは相手にこちらの手の内を見せることになる）説明された先輩があった。当時若輩であった筆者は、これはやり過ぎではないかと思ったが、意思疎通のむずかしさや信頼関係の構築の大切さを熟知しておられたからそういうことをされたのだろうと思っている。

なお文書で示すことは、特に日本のように基本的にマイノリティの立場から交渉せざるをえない国際交渉の場合には格別の意味を持つ。たとえば先に述べた米州開銀の増資交渉の場合には、ヨーロッパ諸国から、「日本はラテン・アメリカ諸国に割り当てられる理事の数を増やすのに反対だそうだ」（現実はまったく逆であった）とか、「日本はヨーロッパの主要諸国と同じ取り扱いで良いと決めた」（実際は異なる取り扱いをすべしと終始主張していた）とかいう噂を流され、多くの国がこれらを信用しかかった。当方はこれに対し、そうではないということを文書で示して先方の動きを止めることができた。

ついでにつけ加えておくと、国際交渉では、常識では考えられない手法や謀略が平気で行なわれている。のみならず諸外国の交渉についての技量は、現在のいわゆるグローバリゼーションの進展の下で格段に向上している。国際交渉に従事する場合には格別の覚悟が必要である。

首をタテに振らずナナメに下ろす

交渉をする際に注意すべき事項として先輩からいくつかの教えを受けた。そのなかで最もユニークでなるほどと思われたことに、「相手と話をするときには『ウン、ウン』と首をタテに振ってはいけない。首は、『ウーン』と言いつつ、たとえば右上から左下へゆっくりと斜めに下ろすべし」というのがある。これは交渉をしているときに相手にあいづちを打つつもりで軽く「ウン」と言っても、先方は「主査は同意してくれた」とか、「担当の課長補佐は当方の考え方を認めてくれた」ととられることがあるからである。

先方がそのように解釈するのも無理からぬところがある。なにしろ、財政当局や税制当局に種々の要望をしに来る先方はなんとか認めて欲しいと考えている。しかも、先方は多くの場合、それは認められて当然だと考えている。そこで、少しでも前向きにとれる所作を見出すと、要望が認められたと解釈することになりやすいのである。なかには、そういう所作を奇貨として、認められていないにもかかわらず、「認められた」と称して行動する者もないとは言えない。そこで、先方に対しては同意するがごとく、また、疑問を呈するがごとく、首を斜めに下ろして、「ウーン」と言えというのである。相手にとっては、その反応がよくわからぬ迷惑な動作かもしれないが、とにかく交渉の連続で、恒常的に疲労状態で多くの相手と折衝しなければならない身にとっては、誤解を避けるという観点からは有益な対応である。

なお、役人たること、特に霞が関の役人たることは精神的にも肉体的にも大変な重労働であり、心身ともに健全な状態で仕事を続けることは容易ではなく、そのために種々の工夫をする必要がある。この点については、「第5章　健康編」で触れる。

無駄な宿題は出さない

これは役人が先方とイコール・フッティングで交渉する場合にはあてはまらないことであるが、先方に無駄な宿題を出さないという留意事項がある。

たとえば、当方が予算の査定権を持っている場合の他の役所との交渉、または、当方が許認可権を握っていたり、そうではなくとも監督官庁である場合にその相手方と交渉する際には、先方に無用の宿題を出さないことが大切である。数多くの要望のなかには、これはどうみても認められないというものがある。その場合には、はっきりと最初から先方にその旨を言い渡して事を進めるのがお互いのためである。

古い時代からの教えであろうか、「相手に次々と宿題を出せ。本当に希望する者はどんなむずかしい宿題でもしっかりとこなしてくる。いいかげんに要望している者は途中で宿題の答えを持ってこなくなり、結局諦めるものだ」という考え方を信奉する役人が時として見受けられる。極端な場合、夜中の2時、3時においても説明に来て欲しいということになる。権力者には逆らえないということであろうか、あるいは、もしかしたら認めてもらえるかもしれないという希望からであろうか、こういう無理な注文にも先方は応じてくれるものである。このようなとにかく宿題を出し続けるというタイプは、時代とともにさすがに数は少なくなってきたが未だ皆無とは言えないのではないかと危惧される。

この間の宿題を巡るエネルギーの浪費は計り知れないものがある。さんざん努力をして報われなかった先方の落胆と、その当方に対する信頼の喪失はいかばかりであろう。こういう場合には、正面から、はっきりと早い段階で「だめである」として引導を渡すのが役人のつとめである。

誰にでも同じ言葉で

交渉をする際には常に同じ人とやるとは限らない。日頃の交渉の相手方が課長補佐であっても、交渉の進展によっては、その上司である課長や、場合によりその上の審議官と交渉することがある。こういう場合には、当の課長補佐に説明したのと同じ言葉で、同じ説明を繰り返すことが肝要である。当たり前のようであるが、このことは意外に大切である。

たとえば相手の課長補佐に対するのと同じ内容ではあるが、聞きようによってはより妥協的に響く説明をその上司である課長に対して行なったとしよう。この場合、その課長は、「なんだ。相手はそれほど厳しくないではないか。自分の部下である課長補佐はことを大袈裟に伝えていたのだ」ということになりかねない。そうすれば、先方の上下の信頼関係が揺らぎ、それゆえに交渉に余計に手間がかかることになる。

　また、これは厳しい交渉の場合に時折見られることであるが、当方の反応が先方が予想していたほど芳しくなかった場合に、当方の説明が正確に先方の上司に伝わらないことがある。このようなケースはその上司が特に有力で実力者である場合に見受けられる。その芳しくない返答を、その上司から返ってくる反応が怖いために、正確に伝えられないのである。中央官庁同士の場合にはあまりみられないようだが、たとえばその上司が当選4回の強力な県知事である場合にはこういうことがたまにみられる。そのような場合、しっかりと、当該テーマの担当者に言ったのと同じ言葉でその実力者にも話を伝えなければならない。ある要望についての当方の芳しくない返答を県知事に伝えたところ、その県の幹部から、「私に対するのと同じ言葉で伝えていただき有難うございました」と言われたことがある。不思議な話である。

常識が通じない外国との交渉

　外国との交渉においても、おおむねこれまで述べたことがあてはまる。ただ、特につけ加えておきたいことがある。それは、外国との交渉では、国内では予想もつかないとんでもないことが起こるということである。

そのテーマを扱っている人の間では当然の前提となっていることに反することが主張されたり、常識のある人や信頼に値する人は決してしないような発言や行為を平気でする人がいるということである。常識ある日本人が「まさか」と思っているうちに、そういう人の言動が交渉を動かし、思いもよらぬ方向に事態が展開することがある。こういう場合には、「まさか」などと思いを巡らす前に、ただちに発言し、あるいはそのプロセスに強引に介入して、好ましからざる展開を阻止しなければならない。

外国におけるそういう事例の1つは、2000年9月22日のシドニー・オリンピックにおける柔道100キロ超級の決勝戦であろう。この試合、実力世界一といわれていた篠原信一選手がフランスのドイエ選手に判定で敗れたのである。

問題は試合開始1分30秒過ぎの両選手の攻防であった。ドイエ選手が内またをしかけ、篠原選手はその足をかわし、逆に上半身を保って相手を投げ落とした。ドイエ選手は背中から落ちた。これは「内またすかし」だとされ、わが国の関係者は当然篠原選手の一本勝ちだとしたのである。事実、テレビで見ると、その瞬間、ドイエ選手は残念そうな顔をしていた。ところが、判定はドイエ選手の「有効」となり、結局この試合は同選手が「判定」で勝ったのである。

実は、この問題の技の応酬の直後、判定の掲示板には、ドイエ選手の「有効」が表示されていた。わが国のテレビの解説者は、当然篠原選手のポイントだとして「オヤ、表示が間違ってますね。早く訂正を申し入れなければ」と述べている。おそらく、その道の専門家としてそういう判定がありうるとは信じられなかったのであろう。しかし、外国相手の場合には、そういう常識外のことは意外に多く発生する。

先方が日本人と同様の道徳規範を持っているとか、当然信義誠実の原則を守るはずだということを前提にして交渉していると、とんでもないことになることがある。言葉で不正確なことや誤ったことを言うことはもちろんのこと、文書の上でそういうことをする者もいる。国際交渉ではわが国でいう常識が通用しないこと、時としてとんでもないことが起こることを肝に銘じておくことが重要である。

5　決着をつける

手順の大切さ

交渉も進み、当方の陣容、先方の意向、交渉を取り巻く環境などからいよいよ決着をつけようという段階で特に気をつけるべきは、決着の際の手順である。これを間違えるとせっかくのまとまるべき話もまとまらず、これまでの努力も水の泡となる恐れがある。いわば「九仞《きゅうじん》の功を一簣《いっき》に虧《か》く」ことになりかねないのである。結論が当方にとって有利であればあるほどその決着を好ましく思わない者が多いことを肝に銘じて、細心に細心を重ねてふるまうべきである。

その際、特にわが国の国内の交渉で大切なことは、決着の際の手順を間違えないことである。この案で決着したいという当方の意思表示は、当面の交渉の相手であり、交渉のプロセスで最も苦労したであろう先方の担当者にこれを告げることが通常である。

ところが、テーマが大きい場合、あるいはそうではなくても交渉がこじれて、課長や審議官のレベルでの折衝が交渉の大半を占めた場合には、自分より上のレベルにおいて決着をつけてもらうことになる。その場合には、前もって自分の交渉の相手方と打ち合わせをして、いわばそのシナリオに沿って、たとえば双方の審議官の間で決着をつけるのである。

決着をつけるレベルについてはなんの意味があろうかと疑いを抱く向きもあるであろうが、決着をつけるレベルは当該交渉で最も中心となった人物が誰であったかを示唆することになるのである。むずかしい交渉であった場合には、うまく決着をつけたこと自体が１つのメリットと考えられることがあるが、この考えに従えば、この交渉を成功裡に決着させたという一種の勲章が誰に帰属するかということにかかわるのである。

また、仮に将来、本件について異論が生じた場合や合意が守られないような場合に先方と改めて交渉するときには、この決着をつけたレベルで折衝が始められることになる。すなわち、次回交渉がどのレベルで始まるかということにもかかわるのである。

この決着の際の手順の大切さは先方に対してのみならず、自陣、すなわち自分の味方についても同様にあてはまる。いざ決着するとなると、自分の上司や部下はもちろんのこと、そのテーマについて相談にのってくれた関係者に対しても、多くの場合は事後にその内容を告げて感謝の意を表さなければならない。たとえ、その交渉の決着した結論が先方から教示してもらったものとは逆のものであった場合でもそうである。こういう挨拶（それは時として「仁義を切る」というやや誤解を招きかねない表現で示される）は、情報の無用の拡散をもたらす恐れなしとはしないが、そういうリスクをはらみつつもある程度これを実行しなければならないときがある。

この手順の大切さは国際交渉においてもある程度あてはまるが、その重要性においてわが国は独特であると言えよう。あるとき、長年東京で事業をしている外国の人から、「久保田サン、やっと日本における仕事のコツがわかりました。日本では根回しが大切だとよく言われますが、それはただ根回しをすべき相手を誤らないというだけのことではなく、それらの人に対してどういう順番で根回しをするかも含んでいるのですネ」と言われた。さすがにわが国で成功している人の言であると感じたものである。

譲歩は一括して

先に述べた通り、1976年度の税制改正では租税特別措置の大幅削減を掲げて法人税担当の課長補佐として14省庁と交渉に入っていた。交渉者としては、主税局に長く在籍する制度担当の課長補佐、技術担当の課長補佐、それに係長2名もこれにあたったが、事がいわゆる政策税制の見直しという目新しいものであったこともあり、主要な交渉は法人税の総括補佐である筆者がこれにあたった。

秋も過ぎ初冬の頃、一人総務課長に呼ばれ、その時点での各省との折衝状況を聞かれた。筆者は数十項目にわたる事項のそれぞれについて、そのときまでの交渉の進み具合を述べ、質問に応じ最終的にどのあたりであれば先方と合意できそうであるかを述べた。

頃は良しとの判断があったのであろう、総務課長からはすべての項目についてその辺でおさめるようにとの指示が出された。これを受けて通産、運輸、建設、農林といった大どころの役所と詰めの交渉に入ったのである。

ある日、建設省の担当課長氏が課長補佐とともに現われた。「いろいろと検討しましたが、主税局のお立場をも考慮いたしまして当方としては大幅な譲歩をすることにいたしました。だが、これだけが精一杯で、これ以上と言われても困ります」と言われた。その内容は、新築貸家住宅の割増償却について、社宅をその対象から外す、その割増償却率を5年間200%増から5年間100%増へ引き下げる、増加試験研究費についてその率を25%から20%に引き下げる、公害防止準備金の繰入れ率を0・6%から0・3%へ引き下げる、価格変動準備金の繰入れ率を引き下げる、といった企業一般についての租税特別措置の縮減に合意するなどといったものであった。

この説明を聞いた筆者には、その中に、実現がむずかしいかもしれないといわれていた新築貸家住宅の割増償却率の縮減（しかも利用割合の高かった社宅をその租税特別措置の適用対象から除外することが含まれていた）が入っていたこともあったからであろう、大変画期的かつ大幅な譲歩に映った。そこで喜んで総務課長室に飛び込み、その成果を報告した。

ところが、総務課長は、「久保田クン、確かにこちらの立場をよく理解して回答してくれたが、君が考えているほど大幅な譲歩ではない。たとえば、社宅を除外するということは一般企業にとっては年度間の利益の変動を平準化する手段が減るという意味では痛いかもしれないが、建設省が所管する建築業界にとっては格別の痛みを伴うものではない。また、それぞれの縮減もその率をみるとおよそ平均的なところであり、とりたてて言うほどのことはない。譲歩の中味をよくチェックしてみろ。たまたま早目に返答があり、かつ、一括して示されたために大幅な譲歩に見えただけだ」。そう言われてみるとその通りであった。「負けて覚える相撲かな」という格言があるが、それを地で行くものであった。

フォロー・アップも抜かりなく

初心者は当面の相手と合意したことで安心して気を抜くことが多いが、交渉を成功させるという点からは、それはむしろ決着の始まりと考えるほうが安全である。なぜなら、単に合意されたのみではその実行が担保されたことにはならず、その後の実施までのプロセスにおいてさまざまな波瀾や手違いが生じることが考えられるからである。

たとえば税制改正についていえば、役所同士で合意したにしても、時として関係業界がそれで納得しないことがあるかもしれない。政治が密接にからんでいる案件であれば、その後の関係政党の動きにも注意しなければならない。また、その多くは法律改正を伴うものであるので、法制局の審査を経て当該合意の内容を正確に反映した改正税法案を書かなければならない。さらに当該法案が国会で成立するようにしなければならない。法案が成立してもこれを実施するための政令や省令を正確に書かなければならない。制度ができあがったら、これを確実に実施するため国税庁、国税局、税務署の体制を整えなければならない、という具合である。

これらのことがスムーズにいくように、自分の守備範囲のみならず相手省庁の守備範囲のことであっても、事が予定通り進んでいるかを絶えずチェックしておくのが責任ある役人のあり方である。

6 すべての基礎は信頼関係

交渉について、最後に是非記しておかなければならないことがある。それは、これまで述べた種々の交渉についての技術や留意事項にかかわらず、交渉の成功の基礎は先方と当方との信頼関係であるということである。役人同士で立場を異にし、時として激しく相争うことがあるが、それと信頼関係があるということとはまったく別の話である。そして、交渉の各段階でお互いに信頼関係の醸成に努めなければならない。ただ、この信頼関係が築けるかということは、最終的には個々人の人格にもかかわるように思う。言いかえれば、真の信頼関係を築こうとすればお互いに信頼されるに足る役人、さらには信頼されるに足る個人であることが必要だということである。交渉ごとは最後は赤裸々な人間として対処せざるをえないからである。

主税局の法人税担当の課長補佐時代にある省と多くの交渉をしたときの話である。年末の予算折衝時に多くの項目について合意をし、年が明けてこれを法文化する作業が始まった。法律で手当てすべき事項は法律案のなかで手当てをし、政令改正で対応すべき事項は法律が成立してから政令の改正案を書くのである。

ところが、相手方と改正を約束したある事について、当然政令事項だとされていたものについて法制局から「それは法律事項であり政令改正で手当てをすることはできない」との判断をもらってしまった。法律はすでに国会に提出されてしまっている。約束が守られないことになるのである。いろいろと検討したがどうしてもうまくいかない。内部で相談したら「黙って先方にそのことを手当てしてない政令案を渡せばよいではないか」との意見もあったがそうはいくまい。先方と当方との信義の問題である。

そこで先方に政令案を渡すにあたり「申し訳ない。政令改正で手当てをするつもりだったがどうしても駄目だということなので実施をもう1年待って欲しい」と深く頭を下げたのである。先方もそれなりの事情があったのであろうか。「あなたには大変お世話になりました。残念ですがやむを得ません」という対応であり、本当にホッとした。

信頼関係の大切さは国内における交渉に限らない。国際交渉においても同様である。一概には言えないが、いわゆる専門の公務員制度を確立しているヨーロッパや多くのアジアの国々との間では、この役人同士の信頼関係の大切さについて共通の理解があり、苦しい交渉の際でもそれなりの快さ、時として「敵ながら天晴れ」との感を持つことが

である。

ところが、上級公務員についていわゆるポリティカル・アポインティ（高級公務員はその時々の政権が任用するという、いわゆる政治的任用制度）を採っている国の上級公務員のなかには、なんとしてでも目標を達成したいとするためか、これまでの約束を平気でくつがえしたり、不正確なことを記者会見でしゃべったりというような、いわば役人道に反する行為をする者が散見される。国内、国外を問わず、信頼関係は交渉が成功するための基礎である。

第3章 —— 組織編

1 官僚組織と上下関係

霞が関の役所は1つの典型的な官僚組織であり、その目的はそれぞれの任務をグループとして遂行することである。そしてそのためには個々の役人のみならずその役所を構成する上部や下部の組織が一体となって、1つの官僚組織として動かなければならない。そうする必要性は軍隊や警察について考えてみればよく理解されるところであろうが、政策の企画立案を行なう霞が関においても同様である。

そこで上意下達、あるいは逆に下から上への情報伝達がいかにうまくいくか、あるいは情報の伝達に限らず、問題の把握、分析、対処方針の策定、その実施といった一連のプロセスが上下を通じていかにうまく動くかが重要な課題となる。

そういう観点から、役人の上司と部下の関係、上司が部下をどう使うか、部下が上司にどう仕えるか、部下をどう育てるか、幹部をどう育てるかに格別の意味がある。

そして、役人が役人たることにおいて専門家である以上、優れた役人は一朝一夕には育たない。まして幹部はそうである。

この章では、部下の上司への仕え方、上司の部下への接し方、部下の育て方などについて、主として中央官庁を念頭にとり上げる。実は、部下の上司への仕え方については、現実に自らが上司になって仕えられる身になって初めて思いあたることもある。上司、部下のあり方について、筆者の過去のそういう双方の立場を振りかえりつつ述べる。

2　上司への仕え方

上司は意外に知っている

霞が関では課長補佐ともなるといよいよ一人前であり、自分の担当を割り当てられ、自分でその省庁を代表して行動できるようになる。先方の話を聞き、予算の原案をつくったり、銀行の健全性を測る指標の開発をしたり、国際金融情勢を分析して今後の為替政策のあり方の原案をつくったりする。実際、それぞれの仕事について最も詳細に知っており、かつ、勉強しているのは課長補佐クラスである。だからこそ、局長が国会の答弁に行くときや、局長や次官が関係省庁と折衝するときも、課長補佐が随行するのである。それは国内の交渉に限らない。外国との折衝でも、細部にわたることが検討されるときには課長補佐が一人ついているのが通常である。

交渉の際のみではない。課長や局長も常日頃から、細部については担当の課長補佐に頼ることが多い。たとえば、理財局資金第二課で財政投融資計画の運用を担当していた際、筆者は、国鉄、鉄建公団、電電公社、新東京国際空港公団など11の機関を担当していた。当時その二課には課長補佐は4名いたから、課全体としては40以上の機関の財政投融資計画をみていたことになる。こういう状況では、課長がすべてを把握することはとてもできない。課長はそれぞれの機関についての新しい情報や分析について、必要に応じ課長補佐に聞かざるをえないのである。ところが、課長への情報の迅速な伝達を怠ったり、なかには故意にこれを伝えなかったりする担当者が見受けられる。

現在のような情報化時代はなおさらのこと、そうでない時代であっても、課長や局長はそういう情報をすでに知っている場合が多い。ちょっとした会合、同席した審議会の場などで顔を合わせた際に、懸案となっている事項についての情報を先方の上司から聞いていることが多い。担当者がその重要な情報を知らせないのは、知らないか（この場合その担当者は無能だということになる）、知っていても教えないか（この場合その担当者は忠実でないとか、怠惰であるということになる）のいずれかということになる。上司への情報の伝達は、たとえばそれが未確認のため早期に伝達すれば誤解を招きかねないといった特別の事情がない限り、できるだけ早く行なうのがよいのである。

ホウレンソウの励行を

部下として上司との間であるべき関係としてよくいわれることに「ホウレンソウの励行」がある。これは上司との関係で、部下のあるべき姿を言い表わして妙である。「ホウ」とは報告である。自分が得た状況や先方との話を、常時上司に報告せよということである。これは忠実な部下として常にそうあるべきだという基本的な教訓以上の意味をもっている。それは、たとえば部下としてはとるに足らない情報であっても上司にとっては大切な情報である場合があるからである。また、部下の判断では大した情報でないと思われたことであっても、より経験を積んだ上司の解釈力を前提とすれば大切な情報となることがあるからである。

「レン」とは連絡をよくすべしということである。１つの仕事を上手にやるためには、係、課、局とその仕事をする単位のなかで、十分な連絡がとれていなければならない。特にポストが上になればなるほど、当人の部外者に対する発言は重みをもってくる。そのときのテーマについて頻繁に上司に連絡することによって、先方が当方のスキをついてくることを避けることができる。

「ソウ」とは広く相談をしろということである。自分の権限の範囲内であり、かつ、その判断が容易である場合はそうでもないが、そのいずれかについて迷いがある場合には上司と相談すべきである。一般的に言って人は自己を過大評価する傾向がある。役人については特にそうである。そこで、自分の権限かどうか迷った場合には必ず上司に相談すべきである。そうすることによって、将来、たとえば「あの間違った判断を下したのは君だ」などとして上司から批判の対象とされること（残念ながらこういうケースもある）を免れることができるという副次的効能もある。

自らの役割を知る

役所の仕事はチームとして行なわれる。そこで現実に組織として取り組んでいるテーマについて自己の役割を知ることが大切である。ここに「役割」とは一般的に、たとえば課長補佐たるポストにある者としての役割と、当該テーマについて自分のなすべき機能として期待されている役割の、2種類がある。

第1のほうは比較的簡単である。事実関係の追求、法律の読み方、関連業界の経営の状況の把握などは、比較的下のほうにいる者の仕事である。事実、計数、技術についてこれを詰めるためには何も高いポストにある必要はない。

他方、価値判断を伴う決断をするのは上司の役割である。その時点の政治環境や世論をも踏まえてどういう施策を採用するかは、局長、審議官といった高いポストにある者の責任である。行政のむずかしさの1つは、時として目前の問題について素早く決断を下さなければならないということである。学者の世界ではこのテーマはむずかしいから考えるのは後にしようとか、自分は好きでないから手をつけまい、とすることは可能である。ところが、役所では自分の好き嫌いにかかわらず、あるいは十分な自信がない場合においても、とにかく何らかの決断をしなければならないことがある。

そういう決断をするのは上司の役割であり、また、その決断の責任は上司のものである。時として、「イヤ、たとえ局長がウンと言っても自分は同意できません」などと頑張る課長補佐をみかけるが、これは僭越《せんえつ》、無責任というべきであろう。局として決めたことの責任は局長が問われるものであり、担当課長補佐が問われるものではないからである。

第２の点は、具体的なテーマを処理するに際して自分に期待されている機能如何《いかん》ということである。たとえばある交渉をしている場合に、自分の役割は、相手方との意見の相違の原因を見出すことなのか、相手方を攻めることなのか、自らも譲歩して話をまとめることなのか、ということである。これらの役割をすべて果たしつつ対処すべき場合もあろうが、大きな仕事をする場合には、これらの役割について、上司と部下との間で分けられることが多い。

たとえば、租税特別措置の削減について相手の省庁に是非とも削減すべきであるとしてその具体案とその理由を示し、相手を納得させようとするのは課長補佐の仕事である。お互いに押したり引いたりしながら交渉をした後、もうこの辺で手を打とうかというこになり、先方と妥協をするのは課長や審議官の仕事である。

同様に、財政投融資計画において公的資金が不足してきたために、これまで7対3であった財投資金と民間資金との割合を6対4にせよ（すなわち民間資金の割合を3割から4割に引き上げるべしとの主張）と折衝するのは課長補佐の仕事である。その折衝が進展して「結局65対35ということにしましょうか」というのは局長の仕事である。担当者たるもの自分の役割をよく知って事を進めるべきである。

上司はすべてを言えない

われわれは若いときに税務署長を経験した。筆者が就任したのは28歳のときであった。近年こういうことは好ましくないとしてこの制度は見直されつつあるが、われわれはこの1、2年の間（署長勤務は多くの者にとっては1年、例外的に2年の者もいた。本省に戻れば最も仕事の厳しい課長補佐という仕事が待っていた）、大変貴重な経験をした。

筆頭課長は50代後半でそのご子息は筆者と同じ年齢であった。税務処理のむずかしい案件の検討、税務に協力的でない人への対応、その他諸々のこみいった案件について、会議の最後は、「どういたしましょうか、署長サン」ということになった。署員の交通事故の善後策も、地元市町村との良好な関係の維持も大切であった。組織の長として署員をどうまとめるかということもテーマであった。貴重な教訓を学んだが、それはその後の霞が関での仕事に大変役に立った。

その教訓の1つは、上司は部下に対して不満があっても、その不満を100%は口に出しては言えないものだということである。それぞれの職員にはそれなりの能力があり精一杯やっていることが多い。かつ、うまくいかないことがあっても、それは上司たる自分にはわからない原因があるのかもしれない。何か言うことによってやる気を失くしてもらっては困るし、明日も元気に働いてもらわなければならない。そう考えると、つけたい注文もつけられないし、ものを言うとしても控え目にならざるをえないのである。

そこで、現実の仕事の場では、上司としてはまず少しの不満の際には黙っておく。やはり何か言わなければならないと思ったときにそれを言うということになる。

したがって部下としては、上司の発言があった場合には、それを0・8で割るくらいの気持で聞くことが肝要であろう。「あの仕事はもうそろそろかい」というのは、「あの仕事はまだできてないのか、遅いではないか」という意味かもしれない。「今日、君は相当激しく相手とやっていたなァ」と言われれば、「今日の君の相手への折衝はきつ過ぎた。もう少しソフトにやれないものかネ」という趣旨だと思うべきであろう。もちろん、そう解釈した上でどう対応するかは本人次第であるが、少なくともそういうものだと知ることは大切である。

キーワードの大切さ

若い頃にはわからなかったことであるが、ふりかえってみて気づくことがある。その1つは、上司の発する「キーワード」の大切さである。課長補佐や係長の時代に、上司である課長が局長の発言を一言一句メモしようと努力しているのをみて、「なんと無駄なことをするのだろう」とか、「1つの言葉がそんなに大切なのだろうか」と思ったものである。

ところが、後年、これが意外に大切であることがわかった。それというのも、その人なりの方法で、あるテーマについての考えが年とともに深まっていくことが結構あるからである。そして、それは当人特有の言葉や表現方法で表わされることになる。いわば長期間にわたってその人の関心事項についての考えが熟成されてきて、それがある表現方法なり、キーワードに凝縮されるのである。そこでこのキーワードを正確にとらえることによって（そのキーワードは繰り返し発せられるであろうから）、上司がそれによって言おうとしている特有のコンセプトが、わかるようになるのである。

ある政治家にとって「あの人は面白いことを言う人だ」という言い方は、「あの人のあの考えは間違っている」という意味のようであった。ある高官の「僕が間違っているところがあったら教えてほしい」という言い方は、「この点について自分は絶対に間違っていない。君たちの考えはこれ以上聞きたくない」ということと同義語であった。

相手の言い方を注意深く聞くことは、さまざまの情報を得る手がかりを提供してくれることがある。たとえば各役所にはそれぞれ独特の言い方がある。建設省の関係の役人は「具体的に」という表現はしない。それは、「具体のことは」という言葉として表わされる。「防災工事はこういう方針であるが、具体の箇所づけについては……」という具合である。そこで、もし、初対面の役人が、「具体の話は」と言ったら、この人は建設省系統の人だと推測できるのである。

通産省の役人は「一丁目一番地」という表現をよく使う。「これが基本だ」とか、「この点は絶対に譲れないところだ」というほどの意味のようである。「中小企業の育成をどう行なうかは中小企業政策の一丁目一番地ですから」という具合である。番地のつけ方は便宜的なものだから、八丁目より一丁目が大切だという理屈はいかがかとも思うが、とにかくそういうことになっている。

筆者が国際金融局の次長のとき、ある雑誌のインタヴューを受けた。大蔵省のことや財政金融関係に詳しいというこのインタヴュアー氏は、筆者に対してさかんに「局次長さんはこの点についてどう思われますか」と聞いてくる。当人にとっては、部長や課長の下の次長ではなくて、まさに局長の下の次長という高い位の次長であるあなたに質問しているということを強調したかったのであろう。ところが、大蔵省の本省には、次長といえば、主計局、理財局、国際金融局の局長の下に存在するのみであり、部長や課長の下には存在しない。「局次長」などという必要はなく、「次長」で良いわけである。このインタヴュアー氏が、当人の最初の言葉とはちがって大蔵省のことについてあまりご存じないらしいと推測したのである。

年をとっても記憶力は進む

上司は通常部下より年上である。上司への仕え方のヒントの1つは、老化とともに人の能力についてどういう変化が生じるかを知っておくことである。

一般的に言って、年齢とともに記憶力は低下する。一度で覚えなくなるので、大事な会議での応酬要領などについては以前に詳しく説明したことであっても、会議の前に上司にもう一度改めて説明することが有益である。また、一度わかったようであってもその実、本当のことを理解していないことがある。年をとると自分の興味をもっていることや、日頃から疑問に思っていることについては、1回の説明を聞いただけで完全に頭に入るようになる。ところが、あまり興味のないことや、大したテーマでないと思っていることについては、何度聞いても頭に入らなくなる。そこで、部下としては、上司が「わかった」とか、「理解した」とか言ってもどうも疑わしいと判断したときは、たとえ嫌な顔をされても繰り返し説明すべきである。そうすることが上司のためにもなるのである。

ただし、年をとるとすべてについて若い頃に比べると頭に入りにくくなると考えるのは誤りである。逆につねづね疑問に思っていたことや知りたいと思っていたことは、若い人が予想できないほど瞬時に頭に入るようになる。メカニズムがどのように働いているのかは知らないが、事実である。筆者も若い頃、たとえば国会における答弁の準備の際に局長が1回の説明（これを国会答弁の事前レクと言っていた）を聞いただけで細かい計数までピシャリと頭の中に入れるのをみて、なんと頭の良い人だろうと思ったことがある。ところが年をとるとそういうことになるようである。そして、このようにピシャリと頭に入ったことについては、なかなか頭から消えない。

そこで、部下としては、上司が興味を持って聞いたこういう質問には、とにかく正確に応答する必要がある。ときどき、苦し紛れにいいかげんな対応をしたり、ひどいのになると当て推量で答えている者をみかけるが、こういうことは絶対に避けるべきである。わからないことは、「わからない」あるいは「調べて後でご報告します」というのが正しい対応である。先に述べたように、一度ピシャリと記憶したことはなかなか忘れなくなっているので、間違って記憶したことの修正はむずかしい。のみならず、一度もらった答えが間違っていたことがわかると、「あれは信用ならない部下だ」という認識が刷り込まれる恐れもある。その場合の悪影響は推して知るべしであろう。いずれにしても、年をとっているからといって、一般的に記憶力が減退しているわけではないことは心しておくべきだ。

ロジの大切さ

大臣の秘書官や、長官や局長の秘書係長を経験した人はともかく、そうでない人にとってわかりづらいのは、役所の幹部にとってのロジ（日程）の大切さである。日々の面会や会議の日程、あるいは各種の会合への出欠、出張行程表などは、ことのほか大切である。これらの決定や実行、さらにはその変更については、格別の注意を払わなければならない。

たとえば会議の時間についてである。あるテーマについての局長室での会議を2時から3時までに設定したとする。その場合、このテーマに関係する課の課長や課長補佐は、他の仕事を止めてこの会議に出席することになる。そして、彼らは、3時以降には当然別の仕事を日程に入れている。自らが主催する別の会議を予定している者もいるだろうし、役所の外の人との面会を予定しているかもしれない。そこで、この会議は予定通り2時に始められ、予定通り3時に終わらなければならない。その会議の開始を突如1時からに変更したり、会議が30分も延長されたりすることは避けなければならない。筆者の理財局総務課の係長時代の仕事の1つは、局長室の会議の進行管理（むしろその補助というべきか）であった。時の総務課長からは、「会議はキチンと時間内に結論が出て終わるように進行管理をせよ。局長は公器である」と厳しく指導を受けたが、後年その意味がよくわかった。

上司の出張の日程や諸々の催し事への出席についてのロジの大切さも、若い時代にはわかりづらいことである。局長や課長が会議や祝賀会や講演会へ出席する場合を考えてみよう。上司は個人として行動しているのではなく、公人として、しかも重要な公人として行動しているのである。

たとえば、ある道路の開通式に出席する場合、この役所の幹部は、祝辞を述べるとか、テープカットをするとか、いずれにしろ大切な役割を割り当てられているのが通常である。極端な場合、この上司が到着しなければその会合が始まらない。こういう上司が時間通りに会場に現われることは、とてつもなく大事なことである。部下としては、まず上司が予定通りに会場に到着しうるに十分な余裕をもったスケジュールを組まなければならない。また、そうしていても途中で、交通事故や豪雨災害に遭遇して予定通り到着できなくなった場合の対応の仕方を考え、まさかの場合の連絡先をあらかじめ調べておかなければならない。「あ、時間通りに行けそうもありません」では済まされないのである。上司がさかんに時間を気にするのをただ「神経質だなァ」とだけ考えるのは単純に過ぎる。

知らされることの恐ろしさ

現代は情報の時代である。そうでなくとも情報は責任ある行政をするためには不可欠である。どれだけの情報を持っているかが当人の実力を決める時代だと言っても言い過ぎではない。そこでたとえば一人前の仕事をすることが期待され、そのように働いている課長補佐の時代に、直属の上司である課長や局長からその担当の仕事についての微妙な情報や重要な決定が知らされないことになればフラストレーションがたまることになる。そこで、一般的に責任感の強い役人であればあるほど、上司に対して情報の伝達を求める傾向がある。

ところが、情報を与えられないほうが幸せなこともある。特に内容が機微にわたるものや厳秘の事項についてはそういうことがある。通常の上司であれば、関係のある情報を部下に伝達しない場合にはそれなりの理由があることが多い。こういう心配は部下にかけたくないとか、上司としてこんな苦労をさせたくないとかいうことも少なくないのである。

仮に上司が知らせたくないとした秘密事項を無理矢理聞き出したとしよう。それによってその部下はそのことについて「苦労を共有する」ことになる。また、仮にその秘密が何らかの形で外部に漏れた場合には、本来そのことを知るべきでないと思われていた「秘密を知った部下」がまず疑われることになりやすい。若い頃にはわかりづらいことであるが、部下としては知らされることの恐ろしさを知るべきである。

上司は仕事に本気である

おそらく役所に入ったばかりや、入省後1、2年の役人にとってわかりづらい上司の特性は、上司の自らの仕事に対する深い思い入れであろう。特に課長や局長といった「長」と名のついた人にとっては、当人が長年やりたいと思い続けたポストにようやく就いたわけであるので、ここで乾坤一擲《けんこんいってき》、自らの役人人生を賭けて仕事に打ち込むのである。世の中では、役人は自らの省の利益のために懸命に仕事をするのだという説が流布されているがそうではない。後に述べる通り役人は文字通り命を削って仕事をしているが、自らの属する省の利益のために命を削る者はいまい。その背後にあるのは、国益を守るという意識と自らの仕事を完遂しようとする役人としての生きざまであるように思う。斜に構えてものを見たり、人が努力をするのは本人の利益のためであるはずだとする社会一般の雰囲気のなかでこういうことを理解することは困難かもしれないが、これは厳然たる事実である。

筆者が係長であった頃、大蔵省の地下の食堂で遅い昼食をとり始めていた財政投融資計画担当の課長補佐氏に局長からの伝言を伝えたところ「有難う、よく知らせてくれた」とただちに食事を中断して執務室に戻られたのをみて、「食事ぐらい済ませてからにすればいいのに」と思ったものであった。が、1、2年経った後、自らもそういう行動パターンをとるようになってしまった。また、主税局の課長補佐であった頃、局長のお供をして与党の国会議員の人々に法案の説明（いわゆる根回し）に回ったが、その際車の隣の座席にいる筆者の耳に「ハーハー」と局長の荒い呼吸音が聞こえてくるので、大変心配したものである。文字通り身体を張って仕事をしておられた。そういう状態は現在でもあまり変わっていない。

役人生活の中で、本当に責任をもって自らの判断によって物事を決めて仕事を行ないうる期間は限られている。役人生活の大部分は、係長、課長補佐、審議官として、課長または局長を補佐する立場である。補佐する立場にある以上、その決定権者が決めたことについては、（もちろん決めるプロセスには参加するものの）たとえ自分の考えと異なっていても従わなければならない。

ところが、局長や課長のポストにいる間は、最終的に自分の考える方向で仕事ができるのである。当人たちはそのポストにいたるまでの間に、自分がそういう立場になったらあれもしたい、これもしたいと考え研鑽《けんさん》を積んできたはずである。特に有能といわれる役人にいたってはその日に備えて密かに勉強をし、その実行の戦略も考えてきたはずである。その成果を比較的短い在職期間になんとか実現したいと考えるのも当然であろう。もちろんそれを実現することによってさらなる昇進を目指すという考慮も働いているであろう。

部下として心得《う》べきことは、自分の上司は、上位にあればあるほど、その仕事に対し打ち込んでおり、部下からみれば異常なほどその仕事に執念を燃やしているということである。

したがって、部下としては、これらの上司が下すさまざまの指示や宿題にはその格別の思いが込められていることを知らなければならない。「ああ、またつまらない宿題が出た」などとは、あだや疎かに思ってはならない。

ここまで読んでこられた読者は、「なんだ、『役人道入門』の説く上司への仕え方というのは、ただひたすらその上司の意向を忖度《そんたく》し尊重してそれに仕えよと説くだけではないか」という疑問をもたれるかもしれない。ところが、部下と上司との関係はそれほど一方的なものではない。部下は上司をうまくリードすることによりその上司の持ち味を十分引き出してうまく仕事をさせることができる。のみならず部下は上司を使うこともできる。

これを理解するためには、役人の組織の下では、そのランクが低いときであっても、現実の政策決定に予想以上に大きな影響力を発揮することを自覚することが必要である。事実、係長、課長補佐ともなると、自ら気づかなくとも、その同僚や上司から思いがけないほど頼りにされており、時として、その上司は、局長といえども、その部下の判断を踏まえながら行動しているのである。

筆者が主税局の課長補佐の時代に新しい道路整備5か年計画のための財源のあり方について検討していたときのことである。そのときのテーマの1つは、地方の道路、すなわち県道や市町村道の建設について、国が負担する割合が少な過ぎるのではないかということであった。その際、国が負担している財源としては、国が徴収して地方に渡しているガソリン税（税目としては地方道路譲与税）および自動車重量税の一部（自動車重量譲与税）を意味していた。そしてこれらの税の金額が少な過ぎるのではないかということであった。

それに対して筆者は、国から地方へ渡される税収は、このような道路関係の財源のみならず、法人税、所得税、および酒税といった国税の一定割合が地方に使途を定めずに一般財源として交付されている事実があるので、道路建設のために地方が負担していると称している資金の一部は結局は国が負担していることになっていると考えた。ここで、こういう要素も考えて国の負担割合の実情を考えるべきだと時の課長に進言した（この計算方式によれば国の実際の負担割合はもっと高いことになるはずであった）。課長は「うん、そだな」とあまり気乗りしない返事であったが、筆者はその作業を続けた。そのうち仕事がきわめて多忙になり（増税をしようというのであるから当然である）、結局このアプローチは活用されなかった。

年末にいたり、税制改正の大綱も決定され一息ついたところで、課長にどうしてあのアプローチに興味を示されなかったのか聞いたのである。これに対する返事は「自分は君の考え方に賛成だった。だが、途中で君がその件を言わなくなったのでそういう作業がうまくいかなくなったと思ったんだ」とのこと。この間もう少し上司とコミュニケーションを良くしておくべきだったと反省するとともに、上司も部下をみながら仕事をしているということに気がついたのである。あわせて、部下は自分が気づいていないところで意外なほど影響力を行使しているとの感を持ったのである。

先に上司を使うと述べたが、その趣旨はもちろん上司をアゴで使うという意味ではない。政策について自らの考えていく方向に導くということである。上司にその政策に賛同してもらい、その線に沿って動いてもらうということである。

ただそのためには、自らの提唱する政策の方向が正しいものでなければならない。また、政策の提言がタイミングよく行なわれなければならない。そこで、上司を使おうとするならば、常日頃から格別の勉強をして上司のそれを上まわる良い結論を得ておかなければならない。

たとえば、円の国際化についていえば、なぜそれが進まないのか、その阻害要因は何か、具体的な促進策は何か、その促進策をどういう手順で打ち出し世のコンセンサスにもっていくのか、などを密かに練っておくのである。そしてひとたび時期が到来し皆がその策について考えあぐねているときにこれを示し、上司にその具体策を実行させるのである。

上司の実力を引き出す

上司がその果たそうとしている役割を上手に果たせるようにリードすることも、時として部下の役割である。この役割は課の全体的な仕事を補佐する総括課長補佐や、局全体の動きを円滑に行なうことをその役割の一部とする各局総務課の総括課長補佐の場合に期待されるものである。ちょうど野球のキャッチャーがそれぞれのピッチャーの特色を上手に引き出して相手バッターを打ちとるように、ピッチャーたる課長の特技を最大限生かせるようにリードするのである。

課長によっては、アイデアは出るがその措置がベストかどうか十分に検討することなく作業の指示を出し、後でまずかったと再考する人がいる。こういう人の場合は、内容にいささか疑問がある場合には直ちにはその命令を実行せずに放置しておく。2、3日たってから「オイ、君、あれはちょっとまずいのではないかな」と言われる場合に備えるのである。

また、交渉にあたって先方に必要以上に強くあたる癖のある上司もいる。どうせ後で大幅な妥協をするのであれば、当初に不必要に強く出て相手に不快感や恐れを与えるようなことは避けるべきだと思うが、人によっては、そういうことが習い性になっている。こういう人との組み合わせになった場合には、最後にはうまく決着をつけるのであまりあわてないようにと先方に密かに告げるのも部下の役割である。課長とともにベストの仕事をすることになればそれでよいのである。ただしこういうふうなことをやれるためには、自分の上司の性格をよほどよく知っており、かつ、上司の信頼が格別に厚いことが前提である。

3　部下への接し方

個性に応じた対応を

交渉の際の第一歩が「敵を知る」ことであると同様に、部下への接し方の第一歩は、当人の特性をよく知ることである。それによって、その個性に応じた対応が可能となる。その部下にどのような仕事を与えるか、どういう言い方で仕事を命じるか、どういうふうにその成果を評価してやるかなどは、すべてこの特性を考慮して行なわなければならない。

筆者はある1年間、大臣官房の文書課というところで課長補佐をつとめた。この課の仕事は広く大蔵省の仕事の調整をするというもので実に多くの種類の仕事があった。国会関係では大臣の答弁の割り振り（どの局が答弁を作成するか）、出てきた答弁のチェック、大臣、次官の日程の調整、大臣室、次官室での会議の設定および運営などであった。筆者は法令審査担当ということで、もう一人の課長補佐と分担して毎週火曜日と金曜日に総理大臣官邸で開かれる閣議およびその前段階である事務次官会議の案件や、大蔵省およびその関連する他省庁の法令の審査、国会答弁、各種の省内調整などを担当した。予備費の支出、各省の政令、大事な白書も次官会議および閣議にかけられる案件であった。

われわれ2人の課長補佐の下には入省1、2年目、時により3年目の若い職員が少ないときで6名、多いときで9名が配属されていた。これらの職員は法令審査官補と呼ばれ、それぞれの担当が割り振られていた。彼らは大臣官房、主計、主税、関税、理財、証券、銀行、国際金融の各局、国税庁を分担して担当していた。われわれ課長補佐の仕事の1つは、これらの担当者から彼らが各局からヒアリングして審査した内容を聞き、今度は自らそれを企画官、文書課長、官房長、次官と順番に説明してそれぞれの了承をとるというものであった。担当者から、各局が決定したり、他の役所と合意した内容を聞き、場合により再考を求めたりすることも期待されていた。結局のところ、大蔵省として、ひいてはわが国としてそういう政策をとることが好ましい、または少なくともやむをえないとある程度自信を持っていえるほどの内容でなければならないのであった。少なくともそういう心意気で仕事をしていた。

これらの若い諸君は大変優秀であった。自分に割りあてられた仕事を自分なりの方法でこなしていった。それぞれにそれなりの個性の持ち主であり、上司であるわれわれとしても、その個性に応じた対応をする必要があった。

ある人物は低血圧気味であった。特に午前中は机に着いてはいるが、傍《はた》からみているとあまり意気があがらないようであった。ところが、時計が12時をまわり午後に入る頃から次第に血色が良くなり、日が落ちる頃には元気満々であった。そこで、この人物からの説明は、夜、７時半を過ぎた頃から聞くことにした。当人は時間が経つほどに雄弁、かつ、元気になっていった。筆者が「こういう仕組みはおかしいのではないか」と突っこむと待ってましたとばかり、「そこなんです、補佐！　聞いて下さい。実は……」と弁舌さわやかに唾を飛ばしながら説明してくれた。これが午前中と同一人物かと思うほどであった。他方、ある人物は高血圧気味で、朝出勤したときから絶好調であった。それで彼らから話を聞くときには、まず高血圧氏から始めて（当然午前中にである）、最後は低血圧氏で終わるというオーダーを組むことにした。

仕事のやり方もさまざまであった。中には入省2年目というのにすでに10年ほど働いているような仕事ぶりをする者もいた。自分では深く理解していても上司にはなるべく要点の説明だけで済ませようとするのである。通り一遍の説明を聞いたのち、「ここが変だナ」というと、「やっぱりそうでしたか」とその問題点について調べた一枚紙の報告書を出す。「なるほど、だがこの辺の詰めがもうひとつだナ」というと、「実は……」と机の中からもう1枚のメモが出てくる、という具合である。何のことはない、3種類の文書をつくっておきながら、なるべく短く、かつ、要領よく説明を済ませようというのである。この担当者には、その詰めの良さを褒めるとともにあまり出し惜しみせずに最初からすべてを述べるように申しわたした。

ある担当者はきわめてエネルギッシュであった。自分が担当する局の案件を自らの興味の赴くままに手あたり次第に勉強した。そしてその内容をすべて課長補佐である筆者に教えてくれた。おそらく筆者が頼りなく見えたため、心配してくれたのかもしれない。問題点についてはすべて答えている。きわめて優秀である。ただ問題はその説明に時間がかかることであった。いろいろと考えたが、結局その説明を十分聞くことが良いと思われた。そこで時として１件につき１時間以上かけることとなり、作業は担当者との体力勝負の様相を呈した。

高過ぎるプライド

個性への対応は、つまるところ、個々人の具体的特性に従うべしという抽象的なことにならざるをえない。だが、霞が関の役人について１つだけ具体的に述べておきたい。それは彼らのなかに異常にプライドが高い者がいるということである。自分のやっていることに自信があるというのは一般的に言って良いことである。だが、度が過ぎると困る。おそらく中学、高校、大学ときわめて優秀な成績で卒業し、公務員試験もそれなりに良い結果を得ているからであろう。

ところが、霞が関の仕事は、自らの担当する仕事の現状についての客観的観察と分析、それに基づいた望ましい政策の立案および各種の情勢をも考慮に入れたその実施、といったものである。学生時代の成績が良かったというだけでこれらがすべてうまくやれるわけではない。そのためには相当の訓練と努力が要る。そこでそういう人には、若いうちにこれを教えなければならない。それは本人のためでもあるが、その行政の対象となる国民のためでもある。

情報の伝達を

役所の仕事は基本的にチームプレイである。そこでは上司、部下ともども今どういう仕事をやっているのか、その目的は何か、どういう方向を目指しているのか、について認識を共有していなければならない。部下がそういう認識を共有していれば、彼らが日々直面しているさまざまな些細な事柄の中から問題解決の重要な端緒を効果的に見出すことができる。上司としては、特にそのポストが局長とか審議官といった個室で仕事をしている者は、自らが直接具体的な事象に接しうる機会が減っていることを自覚すべきである。課長のように大部屋で勤務していればその部下の動きがよくわかるし、黙っていても比較的よく情報が入ってくる。

たとえはあまり良くないが、ちょうど頭脳が適切な命令を下さなければ自らの手足が有効に働かないように、上司の部下への情報の伝達が不十分であれば、その手足も、ひいては上司を含めたチーム全体も、うまく機能しないのである。仕事が忙しくなると、ついつい情報の伝達が疎かになったり、指示が不明確になったりするので要注意である。

情報の伝達は、部下のやる気を引き出すためにも大切である。人は、なぜ自分がそういうことをやっているのか、自分の仕事の結果がどういうふうに生かされているかを知ることにより自らの仕事に対する熱意を持つものである。

筆者が国際金融局の援助担当の審議官であった頃のことである。大蔵省の関連する途上国援助政策について一応のとりまとめをするとともに、世界銀行やアジア開発銀行といった国際機関の政策や増資について自ら交渉を行なったり、カンボジア、モンゴルといった個別国の援助会合に出席したりした。そのためきわめて多忙であった。毎月、少なくとも1回は海外へ出張して何らかの交渉をしていた。特に4月から6月にかけてのシーズンは、次々と開かれる国際開発金融機関の総会に出席するために、ヨーロッパ、米国、アジアへと出張し、ほとんど日本にはいなかった。この間、筆者の担当する開発政策課、開発機関課、開発金融課といった関係課の職員は、実によく働いてくれた。国際会議が米国やヨーロッパで開かれると、時差の関係で関係者には連絡や意見交換のため早朝に霞が関にいてもらうこともある。それにこのように次々に開かれる国際会議の準備のための仕事も膨大なものであった。筆者はこういう人々にもう少し情報を、しかも生の情報を与えるべきであると考えた。

そこで、これら一連の会議のハイライトともいうべき秋と春の開発委員会（これは世界銀行の理事を出している国の担当大臣の会合であり、いわば世界銀行の株主総会のようなものである。わが国からは大蔵大臣または財務官が出席して演説を行ない、その前後の交渉は審議官が行なった）が終了して帰国した際、開発三課の職員を集めて報告会を開くことにした。

2年間で合計4回開いたこの会合で、筆者は、その時々の援助政策のテーマ、それについてのわが国の立場、それを実現するために筆者がどういう交渉をしたか、どの点でうまくいったか、どの点でうまくいかなかったか、今後どういう方針で臨もうとしているか、を小一時間ほど説明したのである。具体的に世界銀行の増額交渉がどこまでいっているか、環境、ＷＩＤ（開発と女性）というテーマにどう対処しようとしているか、アジア諸国に対する国際開発金融機関の政策についてわが国がどういうスタンスで臨んでいるかなどである。あわせて、職員、係長、課長補佐のつくってくれた資料がいかに役に立ったか、それが決して無駄でなかったことを述べ、爾後《じご》の協力を要請したのである。ふりかえって、この報告会は良かったと思っている。

情報を与えないことも

一般的に部下と情報を共有することは好ましいが、他方、時として部下に情報を与えないほうが良い場合がある。それは情報がリークされるかもしれないという理由からではない。ポジションにもよるが、個々の情報の重要性が十分に理解できないポストにいる職員にむやみに情報を渡すことは、当人が善意にふるまっている場合であっても結果として好ましくない結果をもたらす恐れがあるからである。相手から情報をとる場合に、相手方の比較的ランクの低い者にそれとなく、重要なことを聞いているわけではないという顔をしてこれを聞くというのは常道の１つだからである。

ある国際交渉をしているときに、随行している職員が、本人の実力からは入手不可能と思われる高度な情報を関係国から入手することがあった。なんらの対価なしに（すなわち、こちらの情報を与えることなしに）そういう情報を入手しうるとすればそれは変だと思っていた。ところが、ある公式の会議で前の席で代表として討論に参加していた筆者の耳に後ろの席にいる随行者同士の話が入った。なんと彼と彼の隣の席に座っている他国の随行者と、それぞれ自国の対処方針について話をしているのである。こういうことをされては事前に他国の代表者に手の内を知られて効果的な交渉ができなくなる。そこで随行者には悪いが、機微にわたる情報は与えないこととした。同様の理由から大切な国際交渉の最終結論の打ち合わせは、筆者と筆者の上司との一対一の会合で余人を交えずにすることとした。このやり方は間違っていなかったと思っている。

実力相応の踊りを振りつける

上司は常に部下をどうやって有効に、かつ、気分よく働かせるかについて努力をすべきである。その際、個々の役人の特性に応じてこれを行なうべきことは当然である。

霞が関の役人の場合、その部下は通常、仕事がよくでき、かつよく働く。また命令には忠実である。そこで、これらのことも念頭において部下へ指示を出さなければならない。

したがって仕事を命じ、あるいはある役割を命じる場合には、その内容はその本人の力量の範囲内のものに限るべきである。通常霞が関の役人はそれまでの経験のなかで困難なプロセスをなんとかうまくこなしてきた人物が多い。新入省者であれば、むずかしい入試を経て高校や大学に入り、かつ、優秀な成績で卒業している。そして、困難な公務員試験を突破して採用されるにいたっている。いわば成功の歴史を背負って入省してきている。また、地方の国税局、財務局、税関から霞が関に出てきている者も仕事のよくできる人々である。霞が関の役人は仕事に対してそれなりの自信を持っているが、同時に相当むずかしい仕事を与えられてもなんとかこれを処理できるはずだ、また処理すべきであると考えているのが通常である。こういう人々は、たとえそれが無理であっても、無理だということをなかなか上司に言わないことがある。ついには懸命な努力をしてもうまくいかないために一人で悩んだり、場合により精神的、肉体的に疲労してしまうことがある。

そこで、部下に大きな宿題を与えようとしたり、重要な役割を命じようとするときには、その宿題や役割が、当人の能力の範囲内のものかをよく見極める必要がある。たとえは適切ではないかもしれないが、当人が踊れる程度の踊りを振りつけるのである。もしその技量以上のものを振りつければ舞台が台なしになってしまうし、本人の折角のこれまでの役者修業も無駄になってしまうことになる。

有望な部下には厳しくなる

人を育てる要諦は、その本人に潜在能力一杯までの実力をつけさせるところにある。部下にその能力以上のことを求めても、それは実現不可能であるし、そういうことをしては当人にとって気の毒である。

逆に潜在能力のある者については、それを顕在化させるために、いろいろと注文をつけたり宿題を出したりすべきである。その結果、客観的にみると、能力のある部下、見込みのある部下に対しては上司が厳しくあたるという傾向になる。

部下のほうとしては、上司へその宿題を説明した後に、いつも「良くできた」と褒められるようであれば、自分がよほど仕事が良くできるか、または、上司からあまり期待されていないか、どちらかであると思うべきである。

仕事をしないことを命じる

同様の理由から、上司は、仕事の指示をする際に「こういうことをせよ」ということともに「こういう仕事はするな」とか、「こういうことはする必要がない」ということを部下に命じるべきである。先に述べたように霞が関は、基本的には仕事を一生懸命する人の集まりである。宿題を与えられれば無理をしてでもそれを解決しようとする。新しい仕事に就くと早くそれをマスターし、なんとか前任者より立派な仕事をしようとする。なんとか自分で新基軸を出したいとか改善したいとか考えることが多い。筆者は霞が関で仕事が減らないのはこういう役人の仕事熱心さと深いかかわりがあると考えている（役人が仕事を増やすのは自己の存在意義を示すためであるとか、官僚組織というものの本来的に持つ自己増殖機能のゆえである、といった論理には与《くみ》しない）。

そこで、新しい任務を命じるときや、そうでなくとも不要な仕事が行なわれていると感じたときには、上司は明確に、不要な仕事や緊急性の劣る仕事をしないことを具体的に命ずべきである。あわせて、なぜそれまで行なわれてきたその仕事をする必要がないかをその部下に説明しなければならない。そうすれば部下は納得してこれを止めるであろう（場合によっては、「それは止めました」と言いつつ実際にはその仕事を引き続き行なっている場合があるので注意が必要である）。

ただ、止めるべき事務の停止を命じうるためには、命じる者がその仕事全体によく通じ、かつ、それを止めることに自信を持っていなければならない。それぞれの仕事には、少なくともそれが始められたときにはそれなりの意義があったはずである。これを止めるということはその仕事の意義がなくなったか、他に重要な仕事ができたためにその仕事のプライオリティが落ちたか、あるいは職員の数が減ったためか、である。

したがってある仕事をやめさせることができる上司というのは、その仕事を削ってもなんとかやっていけるという判断をしうるという意味でその所掌事務についての専門家である。また、そういうことを止めたことに対して批判をする者がいても堂々と反論しうるという点で実力者でもある。

上司としてどれだけ「この仕事をするな」と言えるかは、当人がどの程度の専門家であり、かつ、実力者であるかを測るメルクマールである。

宿題は2つ以上を

上司は部下に対する場合、暗黙のうちに部下も自分と同様の考え方、実力、経験の持ち主と考えがちであるが、現実はそうではない。上司はこのことを常に肝に銘じていなければならない。その部下が若い場合は特にそうである。

そこで、その部下の実力にもよるが、同時に2つ以上の、できれば性質の違った宿題を与えておくことが有益である。これは、同時に２つ以上の宿題を申しわたすということではない。むしろ、異なった時期に申しわたしたほうが良い。結果として当人が２つ以上の仕事を抱えておくことにするということである。その理由は、人はその仕事の進捗状況にあわせて情緒が変動するからである。特に仕事に一生懸命集中する人の場合はそうである。うまく進んでいる場合には情緒安定、意気軒昂《けんこう》であるが、他方、仕事が一度暗礁に乗り上げた場合にはその落ち込みが激しくなる。スランプに陥った場合には、そのテーマからしばらく離れたほうが良い。その間、もう１つのテーマを手がけて、それが一段落したときに改めて元のテーマをとり上げると、これまで気づかなかったことに気がついたり、新しいアイデアが浮かんだりするものである。

指示に従わない部下

筆者はあるポストに任命され、その局の幹部に挨拶に行った際（霞が関では辞令は大臣の名で行なわれるが、ある一定以上のポストに就いた場合は、大臣または事務次官から辞令書を交付される。その後自分の新しく属することとなった局の幹部へ挨拶に行くということになる）にその幹部から「君の部下である何某はクセはあるが仕事は非常によくできる。

どうかその辺を考えて上手に使って欲しい」と言われた。要するに彼のやる気をなくさせないように、また、怒らせないように上手に使えというのである。前任者との事務の引き継ぎのなかで、前任者も「何某はこの1年間自分の言うことをきかないことが時々あった。言い出したらきかない。仕事はよくできるのだけど……。君も大変だぞ」と言うのである。

役所の仕事は局長や課長が責任をもって行なうことになっている。うまくいってもいかなくとも、その結果はこれら長と名のつく者の責任となる。成功した仕事については成功の功を、失敗した場合には失敗の責任を負うことになるのである。

ところが、わが国の組織の場合には、この建て前上の責任者と実際の決定権者とが異なっていることがある。本来、会社経営の全責任者である社長が決定権者であるはずであるが、現実の決定は法律上は権限のない名誉会長が行なっているといった具合である。

世の中が平穏である場合はそれでも特別の支障はないが、動乱期はそうもいかない。誤った判断がその企業を破綻に導くことになる。その場合の法的責任は、実際に決定権限を有しているかいないかにかかわらず、形式上の決定権者である社長に求められる。そこで、世の中が不安定になってくると、建て前上その権限があるとされている者はその権限を行使し、自己の意見を反映させたマネジメントを行なっていなければ危ないことになる。たまたま取締役会に名を連ねていたという理由で不本意に株主代表訴訟の対象とされることは避けなければなるまい。

同様のことが霞が関にも妥当する。自分の指示に従わずに、その意に反して部下が行なったことに対して責任をとらされるということは避けなければならない。また、あるポストの仕事に値するとしてそのポストに任命されたにもかかわらず、自分の判断でその所掌事務を処理することができないとしたら、何のためにそのポストに任命されたのかわからない。もし、この有能な部下に局の幹部や前任者が言う性癖があるのならこれを改めなければならないと考えた。

幸い、そのポストの仕事については自信があったので、その部下がどうしても指示に従わない場合には、当人の仕事をすべて筆者自身で処理しようと考えた。大変な労働力を要することではあったが、休日も含め日夜努力をすればそれも可能と思われたし、それなりの自信はあった。そして、個別のケースごとに、あるいはそうでなくとも役所の仕事のやり方について、当人といろいろと話をした。彼の主張にはもっともなところもあればそうでないところもあった。試行錯誤の末、ほぼ3か月後には次のような点について合意した。

第1は、物事の論理や事実関係についての議論では両者はまったくの対等である(この2つの事項について意見が異なったときには筆者は平等の立場で徹底的に議論をする)が、こと価値判断に関する部分については、上司たる筆者の指示に従う。

第2は、文書については、局長室までのものについては、方向や結論について異論がなければその書きぶりについてはその部下にまかせる。しかし大臣室、次官室、さらには外部に出る文書については、「て、に、を、は」の使い方から「。」や「、」の打ち方にいたるまで上司たる筆者の指示に従う。

こうして彼は筆者との間では役所言葉でいう反乱を起こすことなく、かえってきわめて意欲的に仕事に取り組んでくれたのである。第1点についていえば、実はその主張は筆者が1966年に入省した時点ですでに考えていたことであった。

当時、筆者の属していた国際金融局国際機構課では、新しい国際通貨をつくるべきかどうか(これはSDR:特別引出権の創設につながった)という国際的なテーマに取り組んでいた。この議論のためには、経験の有無にかかわらず課員すべてがその衆知を集めて、外国政府やIMF(国際通貨基金)が使ったペーパーを判断し、わが国の立場を主張し、必要であればわが国の提案を行なわなければならなかった。その際、入省したての筆者が、2、3年先に入った先輩に対して「事実関係や論理についての議論は（大蔵省内の経験年数に関係なく）課長や課長補佐といえどもわれわれと平等でしょう」と小声で述べたのである。これがもとで、「今年の1年生はこういう生意気なことを言っている」といわれることになったのである。

いずれにしろ、わが国では和を尊ぶという精神の下、とかくよくできる部下の言動については これを放置し、そのエネルギーを活用しようとする傾向が一般的にみられるが、そういうことでは上司としての役目を果たしているとは言えない。こういう部下をコントロールしつつ、上司としてキチンと判断をして仕事を処理していくことが大切である。それによって人気が悪くなるとしても、それはそのポストで仕事をする際のコストと考えるべきである。

NOと言わない部下が問題

大蔵省には自らを主張するタイプが多かったが、役人のなかには逆に自己を主張しないタイプがある。これにどう対処するかも大切である。

大体この「NOと言わない部下」は心やさしい役人に多い。こういうことを言うと上司の趣旨に反するのではないかと上司の意向を推測して、多少問題があることを知りつつ「NO」と言わない部下がいる。また、実は引き続き反対であるが、上司が強く反論するので仕方なく「NO」と言わなくなってしまう役人がいる。霞が関の組織を動かす上で問題なのは特にこの後者である。上司としては部下と意見交換をして部下が「NO」と言わなくなったら、納得したために異論を唱えなくなったのか、当方の発言に押されてそうなったのかを慎重に見定めなければならない。

わが国は和の社会であり、争いを避けようとする傾向がある。わが国では褒めることと同様に叱ることが有効であることが多いが、これも関係者との間に争いを避けようとする和の社会であるためであろう。

これは、個人についてのみならずそれぞれの役所についてもあてはまる。役所によっては強く求められると、最終的にはうまくいかないであろうと知りつつ「YES」と言ってしまう性癖のあるところがある。そして、合意した方針で作業をかなり進めたところで、「業界との間でその話がうまくいかなくなりました」とか、「議会関係者に反対が強くて……」ということになることがある。その時点で後戻りをしようとしても時すでに遅しであるし、いずれにしてもその代償は大きいことになる。

時代の経過とともにこの「ＮＯと言わない役人」は増加しつつある。また、その異論の表現方法も「これには反対です」とか「問題があります」とかいう直接的なものではなく、「それにはつらいものがありますネ」といった婉曲なものに変わりつつある。「ＮＯと言わない部下」への対応策は今後の課題である。

４　人の育て方、育ち方

プロとしての公務員を

古い話であるが、１９６８年の年末、英国は「英国公務員制度に関する報告」（通称フルトン・レポート）を発表した。これは、当時の英国の公務員制度はノースコート・トレベリアン報告という１８５４年に結成された報告書の考え方に成り立っているが、それが時代に適さなくなっているので改めようというものであった。そして19世紀中葉以来、科学技術は格段の進歩を遂げ、政府の役割は変化し公務員に期待される機能は当時とは比べものにならないほど複雑なものとなっていること、英国の当時の公務員制度はこれらの時代の変革に十分適応しきれなくなっていること、という認識の上に立つものであった。

「公務員制度の構造、公務員の採用および職場訓練の運営を審査し、勧告を行なうため」のこのフルトン委員会は、公務員制度が国家の重要な根幹をなす大切なものだとの認識から約3年間という長期にわたる審査を行なった。弁護士を長とするこの委員会は、諸外国を含めた調査、文書による各種の証拠、公務員を含めた幅広い参考人の口述などをベースにして膨大な報告書を発表した。比較すべき他国の例としては、フランスを中心としたヨーロッパ大陸諸国、および公務員制度についてはヨーロッパ諸国とは異なるいわゆるポリティカル・アポインティ（政治的任用制度）を採る米国が中心とされていた。この報告書が出された当時、筆者はすでに大蔵省に入省して英国に留学中であり、この報告書には格別の興味を抱いたのである（帰国後、大蔵省の広報誌『ファイナンス』の1970年7月号にこの報告書の概要を、同じく当時フランスに留学していた近藤健彦氏とともに紹介した）。

同報告書の中心は「期待される公務員像」という一章である。その章の要旨は、次のようなものとなっている。少々長いが示唆に富むので紹介する（以下、上述の『ファイナンス』の記事による)。

今日の公務員の事務は多岐にわたっている。法律の適用、政策の実施はいうに及ばず、高速道路の計画と建設、さらにはポラリス潜水艦の設計、国有産業の運営も公務員の手で行なわれなければならない。要するに、今日の公務員は、今日の政治的、科学的、社会的、経済的な問題に取り組まなければならないのである。彼らは国内外の利害や意見を十分に熟知していなければならないし、日進月歩の知識と技術に遅れてはならないのである。その意味では、公務員は、アマチュアであってはならない。すなわち、彼らは、公務員であることにおいてプロでなければならない。

ところで公務員には大きく分けて二種類ある。一つは、医者、弁護士、公認会計士などの専門職の人々であり、これらの人々の訓練は、何も公務員にならなくともできる性格のものである。これら専門職の人々については公務員制度の中で、その待遇と責任とが十分なものでないことを指摘しておきたい。

第二のグループの公務員は、自他ともに、「ゼネラリスト」と認め、行政職層、管理職層に属している人々である（筆者注：本書でいう「役人」は主としてこれらの人々を念頭に置いている）。彼らは、局や課をしばしば変わるので、行政組織の動かし方、大臣への助言のやり方、国会議員への対処の仕方等については、きわめて有能になる。しかし、彼らは、どの部局についても、十分な知識を得なくなることが多いし、ときには、自分のよく理解しえないことについての決定をしなければならないことがある。

その結果、政策の選択を誤ったり、外部からの有益な助言を無にしてしまうことがある。これらのゼネラリストたちは、行政組織の上手な動かし方のみならず、自己の事務について、基本的な知識や概念（たとえそれが社会学的なものであれ、経済学的なものであれ）をもたねばならないことは、十二分に認識されなければならない。（傍点は筆者）

この報告書は、当時英国では依然としてラテン語や歴史を修めた者のほうが経済学や法律学を修めた者よりは重用されるきらいがあったこと、主要産業を国有化すべきか民営化すべきかが重要な論点であったこと（現在は民営化されている）など、報告書が書かれた当時の姿を反映している。だが、期待される公務員像など、その考え方は基本的なところでは時代を超えて妥当する。特にここに示されたプロフェッショナルとしての公務員が重要であることは各国共通の認識である。

官僚は一日にして成らず

プロとしての公務員を育て上げることは容易なことではない。ちょうど、海軍において艦長を育てるためには長い年月が必要であるといわれたように、その置かれた状況下で最善の判断ができる役人、国を代表して立派に国益を主張して交渉しうる役人は長い間かかって、数々の経験を積ませて初めて生まれる。将来のそういう役人を育てるためにはそれ相当の時間とコストを要する。そして、それを達成するための手段としては、役人のそれぞれのポストに応じたケース・バイ・ケースによる個人的な工夫と、プロの役人を育てるための組織的な取組みが必要である。

人を育てることはいずれの組織においても大切である。ただ、役人という職業についていえば、その仕事が多くの場合、国の公権力の行使にかかわっていること、それが適正に行なわれるかどうかによって多くの国民に影響が出ること、最終的にはその成否が国益を左右することにもなること、といった特色から特に大切である。

健全な判断とリーダーシップを

そのポストにもよるが、霞が関の役人の場合、何らかの判断を自ら下さなければならないということが少なくない。一般的に役人の仕事はルーティーン・ワークが多く応用問題は少ないと思われているが、霞が関の役人の場合はそうではない。次々と変化する社会、文化、政治、経済の環境の中で、多くの先例のないことについて決断をしたり、決断をするための素案をつくらなければならない。そしてポストが上がるに従って自ら決断をしなければならないことが次第に多くなっていく。

そこで、どういう観点を重視して役人を育てるのかという問題がある。専門的知識を深めるということは当然として(これは、先のフルトン・レポートによれば第1のグループの職員について特に言えることである)、次の2点を目標とすることが大切である。

その第1は、健全な判断ができるということである。当然のことのようであるが、これは意外にむずかしい。役人として健全な判断ができるという意味は、健全な判断ができ、かつ、それを実行しうるということを意味する。健全な判断をしうるためには人間として知的に健全でなければならないし、いつでもそういう判断が下せるように心身ともに常に健全でなければならない（そのためには常に健康でなければならない）。また、この健全な判断を実行することは時として容易でないことがある。官僚組織の一員である役人に対して、脅迫まがいの脅し、時として身体への安全の侵害、甘言などが弄されることがあり、これらに対しては敢然と立ち向かわなければならない。

その第2は、特に高いポストに就いた場合はなおさらであるが、リーダーたる機能が期待されているということである。転々と変化する事態を的確に読み取り、それに応じた適切な判断を下し、かつ、部下をその方向に統率するという機能である。世上、リーダーや指導者の存在意義やその役割を低くみる傾向があるが、いかなる組織であっても見識のあるリーダーを持つことはその組織にとっては不可欠である。良いリーダーというのは一朝一夕には育たない。後で述べるように本人の努力とそれを可能とする組織的取組みがある場合にはじめて、しかも、長い時間とコストをかけてできあがるものなのである。

経験を積ませる

役人を、その置かれた環境のなかで育てるということに関していえば、それぞれのポストにおいてできるだけ幅広い経験を積ませることが大切である。

筆者が入省1年目のことである。その当時の仕事のかなりの部分は、コピーとりや局長室での議論のための文書の整理、局長や課長の海外出張のためのファイルづくりなどいわゆる雑務であった。

あるとき、上司から「大蔵省を代表して、外務省での会議に出席するように」と命じられたのである。外務省では各省から関係者が集まってOECDの貿易外取引委員会における造船業の取扱いについて、わが国の対処方針を議論するというのである。筆者はそれまでOECDのその委員会がどういう議論をしていたかはフォローしていたが、このテーマについて大蔵省を代表して議論するまでの自信はない。それでも「行ってこい」ということになり、「対応に困ったら外務省から電話を入れて上司にお伺いをたてる」ということを条件に、心細かったが一人で外務省に向かった。

後でわかったことであるが、このテーマについて大蔵省として格別のポジションはなく、当面のところは、ただその会議の進展を正確に知っていさえすればよかったのである。あるいは出席の必要すらなかったのかもしれない。わが上司は、おそらく一年坊主をそういうところに一人で送って度胸をつけさせようとしたのであろう。

1973年夏、筆者は主税局税制第二課の課長補佐であった。都合10年間務めることとなる本省の課長補佐の第2年目である。先に述べた通りこの年は第7次道路整備5か年計画の策定の年であり、その財源を確保するため、ガソリン税と自動車重量税を増税することになった。筆者はその担当課長補佐であった。上司である課長からは、「これは税制改正の全プロセスを学ぶ絶好の機会である。君には担当の課長補佐として本件についての仕事をしてもらうが、そのほかに自分（課長）が本件について動く場合には必ず随行するように」と言われた。

かくして筆者は、増税のための関係各省との交渉のみならず、増税案についての与党有力議員との交渉、与党の公式、非公式会合への出席および説明をされる課長のお供をすることになった。もちろん担当課長補佐として法案や政令案の作成とその内閣法制局の審査、国会での審議の際の大臣や局長の答弁書の作成とその審議の場への随行、法案の内容についての関係者への説明といった課長補佐として当然の仕事も行なった。この一連の経験を通じて比較的若い時期に政策の立案の主要プロセスに現実に参画することができたことは後年大変役に立った。特に政治との関係について具体的に見ることができたのは貴重なことであった。

こういう自らの経験に照らして、若い人にできるだけ多くの経験を積んでもらうように努めたつもりである。国際会議や国際交渉など、特に経験を積むことが必要と思われる機会にはなるべく若い人に随行してもらうこととした。それでも役所の仕事が忙しくなるにつれ、これらの人々に十分の機会を与えられなかったことは残念であった。

各ポストで学ぶ

係員、係長、課長補佐、課長、審議官、局長、次官というのが役人のヒエラルヒーである。役人が将来それなりの人物になるためには、それぞれのポストでマスターすべきことを順次マスターしなければならない。係員の時代には係員でなければ身につけられないことを身につけ、係長の時代には係長の時代にしか経験できないことを経験すべきである。上司たるものは、その部下が係長である場合には、係長の時代にしか身につけられないことを身につけようとしているかどうか、また身につけられる環境におかれているかに留意しなければならない。

筆者は、大蔵省の新入生の研修会などで「役に立つ話」をするよう求められたことがあり、その際に次のような趣旨の話をした。

人は昔学び損なったことも後で努力すれば身につけることができると考えがちであるが、そうではない。若い頃にしか学べないことがあり、ポストの低いうちにしか身につけられないものがある。

係員の時代は省内を歩いて資料を配ったり、上司の手足としてあちこちの局や課に文書を届けたりすることが1つの仕事である。どういう由来か、また誰が名づけたかわからないが、このように廊下を飛びまわることを「廊下トンビ」という。この「廊下トンビ」は実に下らない仕事のように思われるがそうではない。この時期は、省内のどの局のどの課にどういう資料があるかを覚える絶好の機会である。

役所の仕事はすべてを自分で行なうわけではなく、他人の仕事の成果を上手に活用しなければならないことが多い。上司の命令で省内を飛びまわっているうちに大臣官房の調査企画課（現・総合政策課）では景気の分析についてどういう資料を作成しているのか、主計局の調査課ではどういう資料があるのか、国際金融局の国際収支課はどういう形の国際収支表をつくっているのか、それらについて解説書があるのか、などを知るのである。同様にそれらがいかなる時期に公表されるかも覚えるのである。こういうことは、係長となって多少は物事をまとめたり、課や局のなかの調整をするようになる頃、身につけようとすれば格段の努力をしなければならなくなる。

他人の技術を盗む

係長の時代は、他人の仕事ぶりが最も目に入る時代であり、配置される局や課によって差異はあるが、その局や課に属している課長補佐の仕事ぶりを広く知ることができる。特に総務課の係長として局内の仕事の調整をするようになると、局長へ事案の説明をする各課の課長補佐の説明ぶりを聞くことができる。筆者は理財局総務課の係長を経験した。その仕事の1つは、局長の日程の管理であった。原則として一日中局長室にいて、その進行を管理するのである。その後の仕事で大変参考になったのは、財政投融資計画の査定局議であった。資金一課、資金二課および地方資金課の課長補佐が順次局長室に現われて、自分の担当している財投機関の財政投融資計画を説明し、局長の了解をとるのである。課長補佐の中には説明の上手な人もいれば下手な人もいる。上司への受け答えについても同様である。要点だけ簡単に説明して上司の同意をとりつける人、質問されてもいないことを詳細に説明してかえって叱責を受ける人、などさまざまである。係長の時代はこういう諸先輩の技術を大いにマスターすべき時代である。ここで先輩の技術を盗んで、将来自分が課長補佐となったときにその成果を十分に発揮するのである。この係長時代はいわばシャドウ・ボクシングの時代である。

課長補佐になると、いよいよその省や局を代表して省外にものが言えるようになる。そういう権限を持つと同時に、その結果の責任も自ら負わなければならない。係長時代のように無責任なことは言っておられなくなる。仕事の中身は濃くなるが、他方、その仕事の範囲は狭くなる。係長時代は複数の課長補佐の仕事が目に入ったが、課長補佐時代には別の仕事を担当している隣の課長補佐の仕事の進み具合がどうなっているのか、などはわからなくなってしまう。

海外留学生制度の効用

本書の冒頭で述べたごとく確固たる官僚制度が国家安定や発展の基礎であり、かつ優秀な官僚が一日にして成らないとなれば、国の繁栄を築くためには、官僚を育てるための制度上の工夫があってしかるべきである。本書はその点について詳細に立ち入るつもりはない。ただ、そのためにさまざまな制度上の工夫がなされていること、特に国際化対策として早期に対策がとられ、それが30年後の今日、大変適切であったことを紹介しておきたい。

30年以上も前、その衝にあたった先輩の役人は、わが国が将来急速に国際化することを予見し、そのための対応策を立てるべきであるとの結論に達された。その1つとして、1966年に公務員の国費留学生制度が創設された。当時は各省から2、3名程度だったと思われるが、入省後2、3年の役人を、米、英、独、仏などの諸国に2年間留学させるというのである。政府は以前から米国への古くはガリオア・エロア奨学生、フルブライト奨学生、英国へのブリティッシュ・カウンシル・スカラシップなどの個別の奨学生として海外に留学することについては熱心であった。

当時、国費留学生に選抜された者は、外国に行って恥をかかないようにということもあったのであろう、出発前にナイフとフォークの使い方や西洋風呂への入り方などの研修を受けて飛び立った。そして、後年わが国が社会のあらゆる面で国際化の波に洗われ、諸外国と金融、産業、貿易、海運、航空など、各種の専門的交渉を行なわなければならなくなったとき、これらの留学生は各省において文字通りその中核となってこれにあたったのである。

この海外留学生制度のメリットは、語学力に秀れた役人を多く生み出したというだけではない。多くは彼の地の大学において優秀な成績を修め、大いに自信を持って帰国した。プリンストン大学のウッドロウ・ウィルソン・スクールを首席で卒業した先輩もいるし、日本では法律を修めながらオックスフォード大学やケンブリッジ大学で経済修士号を2年で取得してきた者もかなりいる。あの形式のやかましい英国においてその取得のためには3年間の大学の居住が義務づけられている博士号を、特例的に2年間の居住で授与された者もいる。いずれにしても、この自信がその後の国際交渉にプラスに働いたことは容易に想像されるところである。

また留学中に培われた人脈も大変有益なものであった。留学生それぞれが独自のそれを形づくってきた。筆者の場合、同じ大学の同じカレッジで起居を共にした友人がインドの大蔵事務次官となったり、タイの外務省の局長、官房長をつとめることになったり、西欧連合の事務局長になったりしたことは何かにつけて心強いことであった。こういうこともあり、一般的によく知られていないが、わが国の公務員部門はわが国では数少ない国際競争力の強いセクターの1つになっているように思う。

5 官僚組織のリーダー

知性をもったガキ大将

今日のわが国では、組織のリーダーについて論じられることが少ない。ところがリーダーの善し悪しは、その組織の仕事の成否に直接結びつく。その育成法や選抜法やリーダーの資質については、もう少し論じられて良い。

リーダーたるものに必要な具体的な資質とは何か、についてはおそらく大部の著のテーマであろうが、その1つは、緊急な事態に直面してただちにこれを適切に判断し、かつ、具体的行動を即座に実行させる能力であろう。いわば、知性をもったガキ大将の資質とでもいうべきものである。正しい判断を直ちに行ないうることと、部下をしてその意を体した行動をとらせることである。

1995年3月20日朝、出勤途上の筆者は代々木上原発の地下鉄千代田線に乗っていた。普段はスムーズに走る電車が、この日は目的地である霞ケ関の3つほど手前の駅から停車と発進を繰り返すようになった。そのうちに、「霞ケ関の駅でガス漏れが発生したようなのでその様子をみています」との車内放送があり、次いで「詳細はわからないが事故が発生したので途中で運転を取り止めるかもしれません」とのアナウンスがあり、結局「霞ケ関で事故が発生したので安全のため霞ケ関駅は停車せずに通過します」ということになった。そこで筆者は同駅の1つ手前の国会議事堂前駅で降り、そこから大蔵省へ向かったのである。途中、サイレンを鳴らして走るパトカーに先導されて猛スピードで坂をかけ上ってくるバスに何台か出会った。地下鉄サリン事件である。

役所に着いてみると事件の深刻さについてはすでに認識されているようであった。そして滅多に顔を出さない総務課の係長氏が部屋に来て、「次長（当時筆者は国際金融局次長であった）、ご無事で良かったですね」と声をかけられた。筆者はその心づかいには感謝しつつも、局内の職員について異常がないかどうか、すべての課においてただちにチェックすることを指示したのである。各課ではまだ役所に現われていない職員について自宅と連絡をとりつつ安否を確かめることとなった。その結果職員1名について所在がわからないことが判明した。しばらくしてこの職員はサリン事件の被害にあい、病院に入っていたことがわかった。

リーダーは育てるもの

若い頃から日本有数のプレイヤーであり、全日本の監督などを経験して現在もわが国ラグビー界の指導者の一人である宿澤広朗氏は、『日本経済新聞』のコラム「あすへの話題」（2001年9月13日）で次のように書いておられる。テーマは、ラグビーのキャプテンについてである。

強気が一番。これはキャプテン（＝リーダー）を選ぶ時に最も重視する資質である。ピンチとチャンスにおいていかに流れを変え、また流れをつかむかはリーダーの判断力に負う部分が大きい。（中略）

次にリーダーに求めることは自分で率先する実行力と、チームメンバーの能力を最大限に発揮させる、いわゆる人を使う能力を同時に持っていることである。

役人についてもこれらの点について、課長、審議官、局長、次官といった責任あるポストに就く者については、まったく同様のことがあてはまる。

それではどうやってこのリーダーを決めるか。宿澤氏は、さらに次のように書いておられる。

キャプテンをどう決めるかも重要な問題だ。日本では概して〝選ぶ〟というのが一般的であるが英国では〝育てる〟ことを重要視している。ラグビー発祥の地イングランドの代表チームのキャプテンにＳ・メルヴィルという選手がいた。八四年のシーズンに二十三歳で初めて代表選手に選ばれた彼は同時にキャプテンに指名された。大学を卒業したて位の年齢の新人をいきなり代表チームのキャプテンに指名することなど日本では考えられない。しかしイングランドの指導者たちは彼をジュニアのレベルから将来の代表チームのリーダーとしてコーチしてきた。プレーのスキルだけでなくキャプテンシーも指導していたのである。だから彼らにとって新人をキャプテンにすることは別に異例でもなんでもないわけだ。

すなわち宿澤氏はラグビーのリーダーというものは育てるものであるとしているのである。これはラグビー・チームのみならずあらゆる組織についてあてはまることである。こういう資質は、もともとそういう潜在的な素質を持つ者を長い間かかって訓練することによって身につくものであるし、そういう資質を持つリーダーは周囲が長い間かかって育てるものであろう。

役人の場合も同様である。かつて大蔵省は将来の幹部候補生を20代で税務署長として訓練するということを行なっていた。残念ながらこの制度は、若いときにそういうポストに就かせることが本人をスポイルするなどという理由などで廃止された。中にはこの経験を「バカ殿教育」とまで揶揄《やゆ》する向きもあった。筆者は、そのメリット、デメリットをもう少し客観的かつ冷静に比較して決断されるべきだと思っている。

筆者の場合、税務署長の経験は1年間であったが、その後の役人生活にとって貴重なものを学んだ。

上司というものは、不満があってもそれをそのまま部下に言えないものだと悟ったことは第2節において述べた。

このほかに学んだことの1つは、いかにして組織をまとめていくかということであった。そのためには結局、その組織において求められるむずかしい判断を最終的に責任をもって下すこと、自ら先頭に立って物事を実行すること、そしてこれらを通して部下の信頼を得ることがキーであること、を感じたのである。

また、政治的に影響力の大きい人が、激しい勢いで具体的な税務上の処理について陳情を迫ることもあった。役人として筋の通らないこと、やるべきでないことを自ら行ない、あるいは部下に行なわせてはならない。こういうことにいかに対処すべきか、いかに耐えるかを早い時期に学んだことはその後の役人生活にとって大変有益であった。

会社の社長が判断を誤ればその会社が破綻する。官僚組織のリーダーが判断を誤ればその影響は広く国民に及ぶ。いろいろな面で「平等」を強く求める社会の中で、どのようにして立派なリーダーを育てるかは、わが国の現在の官僚制の大きな課題である。

育成にはコストがかかる

筆者が留学したオックスフォード大学での教育の中心は、「チュートリアル」制であった。これは、学生に一定のテーマを与え、読むべき論文や参考文献を指示し、論文を書かせるのである。

金融論では、たとえば「通貨とは何か」といったテーマが与えられる。このテーマを与えられた学生は、１週間か２週間後にこれに関する小論文を書いて担当教官（チューター）の部屋を訪れる。そして、だいたい１時間、この学生と教官との対峙が続く。そこではまず学生が自ら書いてきた小論文を読む（これには通常20分ぐらいかかる）。次にその論文の内容について教官が質問をする。「なぜ、第一次通貨は大切なのか」「金融の乗数効果について、もう少し具体的に説明しなさい」とか「いわゆるマネタリストの主張について君の考えを述べなさい。賛成する点はどこですか。異論があるならその内容と理由を説明しなさい」などである。小論文で見落としている点についての指摘もしてくれる。

そして、学生の理解の水準がある程度に達していると判断されればそのテーマはそれで終わりである。不十分と判断されれば、新たに似たようなテーマをもらうことになる。学生のほうからいえば、次回に類似のテーマをもらったときには、その小論文の出来は不十分であったということになる。

学部の学生の場合には、2、3人が一緒にチュートリアルを受けるが、その際のチューターは教授または大学院の学生である。大学院の学生の場合には、チュートリアルは一対一であり、そのチューターは、その分野（上の例でいえば金融論）の教授である。開発問題がテーマのときには開発問題の専門家が、経済成長論のテーマをとり上げたいといえば、またその専門家が相手をしてくれる。しかも、これが、大学に学ぶすべての学生について行なわれている。贅沢過ぎるほど贅沢なものである。

そこであるとき、当時すでに『経済の社会的構造』などで世界的に名を成していたサー・ジョン・ヒックス教授にその点について聞いたのである。筆者は同教授の主宰する「厚生経済学」のセミナーのメンバーでもあった。「まだ海のものとも山のものともわからない学生について、こんなに丁寧な対応をしている。あなたすらチューターをやっておられる。そんな時間を自らの研究にあてられれば、もっと良い研究成果があがるのに、勿体ないのではないか」という趣旨の事を述べたのである。

ところが、答えは、そうではないというのである。「ここにいる学生のうち、ある者は、わが国や世界の経済学の分野でのリーダーになるであろう。それが誰かは今の段階ではわからない。だが、そういうリーダーとなるべき人には格別、経済学の基礎について正しい理解をもってもらわなければならない。このチュートリアル制はそのためのコストである。将来を誤らないためには良いリーダーが必要であり、良いリーダーを育てるためにそれ相応のコストがかかるのは当然である」という返答であった。

役人についても同様である。

“The Buck Stops Here”

第33代の米国大統領であるトルーマン氏の机の上には、“The Buck Stops Here”というプレートがおいてあったといわれている。ここにいう“buck”とは「責任」という意味である。文章の大意は、「責任はこれ以上うしろの者に送ることはできない」すなわち「すべての責任は自分でとる」ということのようである。一国の大統領という行政機関の長としての責任の重さを感じさせる言い方である。そこには種々の、時として国の命運をかけた決断を自らの責任において下さなければならない大統領の厳しい立場が表現されている。おそらく各国の大統領や首相も同様であろう。

程度と質の差はあろうが、官僚組織の指導的立場にある者についても同様である。次官や局長ともなれば、その省庁や局の所掌している事務について、自ら全責任を持って決断しなければならない。自ら交渉の先頭に立って、不退転の決意で事にあたらなければならないときもある。時には職を賭してやらなければならないことがある。難問に直面したとき、冷静に考え、正しい判断を行ない、これを敢然として自ら実施し、または部下をして実施せしめることは官僚組織の中のリーダーの役割である。

第4章　人事編

1　役人と人事

人事への高い関心

役人は人事に格別の関心を持っている。人事異動の2、3か月も前になれば、主要日刊誌やその役所に関連する業界の雑誌が、その年の夏に行なわれるであろう各省幹部の定期人事異動の予測記事を載せることが通例である。何省の何局長には誰それがなりそうであるとか、某課の課長はA氏とB氏とが候補にあがっているが、現在のところ年次の高いA氏のほうが有力だ、とかいった類である。このような記事が書かれるのは、もちろん読者がその人事について関心をもっているからであるが、関係する役人自身が格別の関心をもっているからでもある。

役所のなかでも、警察、国税、税関、消防といったどちらかというと執行を中心とする組織においては、上下関係が明確であることからその人事配置や昇任、昇格に格別の関心があることは直感的にうなずかれるところである。ところが、そうではない、いわゆる企画立案を担当する組織においてもこの傾向は強い。その理由は、役人になる者は一般的にそういう志向が強いということによるのかもしれない。だが真の理由は、地位が上がれば上がるほど、自分がこうしたいという政策を実行しうるからであろう。

局長ともなれば、そのときの政情、社会状況という大きな制約のなかではあるが、所掌する事務について自分の正しいと思う方向へ政策を導くことができる。また、長い間手がつけられていなかった事項のなかから、自らの選択と決断において、自己とその組織のその時点の能力の範囲内においてではあるが、これをやるべきだと思うものを取り出して実施することができる。

筆者は2年間関税局長をつとめたが、1997年度には例年の関税定率法の改正の一環として、関税に無申告加算税および過少申告加算税制度を導入した。関税については1966年に申告納税制度が導入されていたが、国税には存在する無申告加算税および過少申告加算税制度の導入は、時期尚早としてその後の30年間見送られていたものである。これらの制度がないということは、たとえば、外国から貨物を輸入する際に行なった関税の申告額が実際より少なくても、あるいは申告すべきなのにまったく申告しなかったりしても、なんらのペナルティも払う必要はない（そのための加算税は課されない）ということなのである。これらの加算税制度の不存在は、かつて主税局に勤務し国内の税制を担当した筆者の目にはきわめて不自然にうつった。そこで、66年の申告納税制度導入の経緯なども調べてもらって、それなりの自信を持って導入に踏み切ったのである。

また、同じく97年には、米国との間で関税当局間の行政協力の取り決めを結ぶことについて合意した。これは、わが国が外国と締結した初めての行政協力取り決めであり、内容的にも手続的にも大変むずかしいものがあった。それまで十数年にわたり国際問題を手がけてきた筆者にとっては、麻薬などのいわゆる社会悪物品が国際的に広く取引され、密輸が国境を越えて組織的に行なわれている状況下で、当局の側がこれらの防止のために国境を越えて協力することは当然のことと思われた。関税局もそれまで種々努力していたが、これを実現させるための困難は、法制上の問題、関係取締当局の理解、といった主としてわが国の国内の側にあった。筆者の局長としての第１年目は、国内での調整がうまくいかず失敗した。ただ、この年に担当した企画官の残した蓄積は次年度に大変役に立った。

2年目にはわが外務省の格別の支援もあり、また、前年の経験も踏まえ、関税局内外の人材配置の妙もあって結局15年越しの懸案に決着をつけることができた。交渉を担当した企画官は、外務省に出向してモスクワなどに駐在したり、国際機関に出向した経験を持つ人物であった。国内で制度面の手当てや各省との調整にあたった課長は、OECD代表部で途上国債務のリスケジュールなどを交渉するいわゆるパリ・クラブにおいて、日本の実質上の代表者の経験を持つ者であった。またワシントンの大使館には有能な関税局の職員が出向しており、米国の関税庁との接触にあたった。筆者もWCO（世界税関機構）の会合などで信頼関係を築いた米国のワイス長官やバンクス次長等との接触を通じて、国際交渉でそれなりの貢献をしたつもりである。

役所の仕事はチームワーク

これらの事例でわかるように、わが国やヨーロッパの役所の仕組みは、一人の秀でたリーダーが突然新しいアイデアを持って現われてこれを実施するというふうにはできあがっていない。米国の、いわゆるポリティカル・アポインティ制度のように、役人でない者が突然高級官僚に任命され、その人のアイデアを実施するという仕組みではない。こういうポリティカル・アポインティ制度の下では、それなりのメリットがあるが、反面、いわゆる高級官僚は短い在任期間中にどうやって自らを世間に印象づけるかということに関心が強く、ジャーナリズムや政治家にいかに自分がうまくやったかをやや誇大に説明する傾向がある。米国の影響もあってか、またそのほうがストーリーとして面白いためか、わが国のジャーナリズムは役所の政策を特定の個人の政策として説明しようとする風潮がある。はなはだしい場合は、そういう解説をした上で特定の個人を不当に貶《おとし》めたり、過大に評価したりする。

しかしながら、現実の行政は、もの言わず黙々と自らの仕事を処理する多くの役人の努力の上に成り立っている。昇任、昇格、新たな人事配置もそういう点を反映したものとして実施されなければならない。これらのいわゆる人事のベースとなる人事評価についても同様である。

成果の背後に膨大な蓄積

役人を評価する際に留意すべきもう1つの点は、ある成果が得られた場合、最後の仕上げをした者に注目が集まるが、その成果は、仕上げをした者やその世代の者のみの努力によるものではないということである。先に述べた税関協力取り決めの場合がそうであるが、より大きな事例として消費税の導入がある。

わが国の税制当局は、第1章で述べたようにすでに1960年代において、シャンデリアや毛皮のコートなどの贅沢品についてのみ、その消費（購入）の段階で課税するという物品税について問題があるとして、消費一般について広く課税をする税の導入の必要性を感じていた。何よりも世の中の価値観が多様化し、かつ、いわゆる高度大衆消費時代において、何が物品税の対象となるべき奢侈品《しゃしひん》かという判定がむずかしくなっていた。こういう時代には、むしろ消費一般について幅広く課税したほうが、かえって課税の公平に資するのではないかということであった。

また、所得税、法人税といった直接税が税収全体に占める割合が年々高くなってきていることも問題とされていた。かたがた、ヨーロッパ諸国が付加価値税という一般消費税を次々に導入しており、米国には小売売上税があるというふうに、一般的な消費税を持っていない国はほとんどないという状態であった。

こういうことを背景として、1971年8月の税制調査会の長期答申は、ヨーロッパ型の付加価値税を検討したらどうかという提言をした。これを踏まえて、取引高税を廃止して付加価値税を導入したドイツおよびフランスに、主税局の若手課長補佐および係長一名が調査のために長期出張を命じられた。筆者が、英国の付加価値税の導入状況を調査するため1972年11月から6か月間、ロンドンに滞在したことは先に述べた通りである。

結局、広く知られている通り、付加価値税という形での一般消費税は導入されず長年にわたる実に複雑、かつ困難な経過を経て、現在の形の消費税が1989年から実施された。本件が税制の構造や思想の変化を伴うものであっただけに具体的なその導入のプロセスでは、膨大なエネルギーとさまざまなコストが必要であった。特に現実にこれを導入する際の関係者の立法プロセスや具体的な仕組みの作成に携った人々の苦労は筆舌に尽し難いものがあったはずである。

しかしながら、「功の成るは成るの日に成るに非ず」であり、その背後には、表には現われない膨大な量の仕事と長年の努力がある。わが国の税制や経済情勢を見てそういう税が将来必要だと、大変早い時期に判断が下され、それに向かっての作業が始められ、その後、現実の導入に向けての努力が積み重ねられた。役人を評価する際にはそういう貢献も見落としてはならない。

公平な評価を

役人を評価することはむずかしい。セールスマンの場合にはどれだけの契約をとってきたかがポイントであり、これは金額で表わされるので、その評価は比較的わかりやすい（もっともこの場合でも、サッカーのアシストのように、自らは受注しなくとも他人の受注を助けたことがあれば、それも評価されるべきであろう）。企業経営者の場合には、企業の目的は収益をあげることであるので、どれだけ収益をあげたかに着目すれば良いのでこれも簡単であろう。すなわち、これらの場合には、まずその評価の基準が明確であること、およびその達成度が計数で示されることから評価は容易である。

ところが役人の場合、まずその仕事が抽象的である。特に霞が関の役人の場合には、あるテーマについての分析を適切に行ない、その問題を解決するため、その時点の環境下での適切な措置を見出し、これをタイミングよく実施するというのがその仕事である。

この一連の仕事のすべてについて責任をもっている者もあれば、一部についてだけしか責任をもっていない者もある。さらにむずかしいのは、どれが最も適切な措置であるか、その時点ではわからないことがある。たとえば、バブル経済の下で金融の量的規制を行なうべきであったかどうかは後になってみないとわからないところがある。

その上、先に述べたように、多くの仕事はチームプレイの結果として達成される。先に述べた米国との税関協力取り決めの場合の1年目の企画官のように、表面上はうまくいかなかったように見える場合でも、当人がその仕事を十分推し進めていたからこそ後任者がその交渉を完成させることができたというケースが少なくない。この場合、この前任者は取り決めを結べなかったにしても高く評価されなければならない。多くの場合、成果は（そして失敗も）、それが現実のものとなったときの担当者のみに帰せられるべきものではなく、そのテーマにかかわってきた多くの関係者にも帰せられるべきものである。

したがって、個々の役人が本人に期待されていることをどの程度実行したか（これこそ評価の基準であろう）について本当のところは、共に仕事をした上司、同僚、部下にしかわからないと言ってよい。

さらに注意すべきことは、役人のなかにはいろいろなキャラクターがあるということである。わが国の役人の大多数は与えられた仕事を黙々と処理するタイプである。「巧言令色鮮《すくな》し仁」とか「至誠天に通ず」という伝統的価値観の者が多い。ところが、ごく少数ではあるが、自らを誇大にみせ、過去からの蓄積や他人の成果まで自分の仕事の成果として、たとえばジャーナリズムや政界に見せびらかすタイプの者がいる。そうすることによって自己の昇進を図ろうとする者もいないとはいえない。こういうパフォーマンス・タイプの役人とそうでない「普通の」役人との間で公平な評価をしなければならない。

一致する役人仲間の評価

霞が関モノを得意とするジャーナリストの手による本や新聞のなかには、霞が関の役人があるときは徒党を組み、あるときは単独で、特定の高いポストを目指して四六時中熾烈な戦いをしているように報じるものがあるが、これは事実に反する。筆者が若かった頃、2人の候補者のうちどちらが次官に就任されるかが話題になったことがある。ジャーナリズムは、この両名が時の大蔵大臣に種々の手段で陳情したかのごとく報道したが、傍からみていると事実は異なっていた。文字通り、自己の仕事に全力を挙げておられたし、それに尽きたように思う。

世間にはよく知られていないが、役人は自分の人事のことで走りまわることは少ないが、自分の部下の人事では奔走する。部下の交代の時期が来ると、良い部下を獲得するために努力するのである。自らの仕事をスムーズに進めるために部下の果たす役割は大きい。きわめて優秀な課長補佐であれば、本人に任された事項はもちろんのこと、上司である課長の仕事についても適切なアドバイスをしてくれるし、さらに出来が良ければ、その局全体の政策の方向についても適切な考えを示してくれる。それを実現するための局としての戦略も考えてくれる。たとえば、邦銀の対外貸出しの増大がさまざまな悪影響をもたらしているときには、これをどう判断するか、どう対処するのか、そして、そのための手順はどうするのか、まずどの銀行の誰にどういう話し方をするのか、を考えてくれる。

逆にそうでない部下を持つと、自分の仕事の手助けを期待しえないのみならず、当人自身がその任された仕事をキチンと果たしているかを絶えずチェックしていなければならない。「あの件はどうなったの」とか、「その件について、誰それに話をつけたのか」

とか折をみてチェックを入れておかなければならない。仕事がうまくいかないだけではなく、場合により部下の失敗によって自らの責任を問われることになる。

かくして良い部下を持った場合と、そうでない場合とでは雲泥の差があり、自分の下に少しでも良い部下が配置されるように走りまわるのである。そして、自分の部下が人事異動の対象となるときには、当人を少しでもいわゆる良いポストにつけるべく関係者に働きかけるのである。さらに、日頃から、あの入省年次では誰それが格別に仕事ができるとか、誰それはどういう仕事に向いているとかいう情報を集めておく。その仕事ぶりがどうであるかについては、かつて部下として使ったことのある者については自らが把握しているところであるが、そうではない場合にも、さまざまなルートで評判を聞いておくのである。

面白いことに、「あいつは仕事がよくできる」という評価は役人仲間では収束することが多い。そしてまだどの分野が専門であるということが確定していない中堅の課長補佐時代には、主計、理財、国際金融、銀行など多くの局からの希望が集中することにもなるのである（なお、人事当局もそういう人物を是非とも採りたいという局には、あわせて、あまり希望者の多くない者を同時に引き取るように要請することがある。これは「パッケージ・ディール」と呼ばれている）。

役人の評価は上司が部下に対して行なうのみではない。部下も上司を実によくみている。分析能力のある上司、危険な仕事について自ら先頭に立って処理してくれる上司、部下には厳しいことを言いつついざとなると逃げる上司などなどである。先に述べたように、仕事ができるかどうか（これこそが役人の評価の要《かなめ》である）については、上司、同僚、部下の意見が一致する場合が多い。そして仕事ができるかどうか、その能力に応じた実績を挙げたかに基づき、××年入省組の四天王とか三ピカとか五ピカなどという言葉ができ、結果として、どの年次の次官候補は誰それということが長い年月の間に醸成されていくのである。

業績評価とは

公務員制度改革の一要素としていわゆる業績評価を強化しようとする動きがある。役人について、年功序列や同期同時昇進の傾向を改めて現在より以上にその達成した業績に従って個々の役人を評価し、それに応じて給与を定めたり、昇任、昇格を決めようというものである。

ところが、このいわゆる業績評価を適正に行なうことは意外にむずかしい。新聞は、たとえば法律を国会に通すことに成功したかどうかを業績評価の基準にしたらという意見があることを報じている。ところが、役人の仕事は、繰り返し述べているように、そのテーマを正しく分析し、適正な処方箋を書き、その処方箋に沿った具体的な措置をタイミング良く実施することである。すなわち、まず何よりも正しい政策を実施することであり、その政策の実施のために法律の改正や制定をする必要があることもあればないこともある。時と内容によっては、法律を準備しないことが正しい政策であることもある。もしも、いわれているような評価基準を採用すれば、やたらに法律をつくるいかがかと思われるような役人が評価され、人事上も優遇されることになりかねない。

結局のところ、業績評価を強化するといっても、その役人が、果たすべき役割をどのように適切に果たしたかということを一層重視することに尽きるように思う。

政治主導と役人の人事

霞が関の役人の人事権者は大臣である。各省の公務員の採用、ある地位への任命は大臣の名の下に行なわれる。これに着目して、最近のいわゆる政治主導の動きのなかで、大臣が、その裁量に従いかなり自由に、特に次官、局長といった上級のポストの人事を行なうべきではないかという考え方がある。

その国のシステムにもよろうが、わが国のように公務員は中立性を厳しく守るべしとされている制度の下では、その方向への舵取りは基本的に慎重であるべきであろう。たとえば、米国では、政権の交代に伴い各省庁のいわゆる高級官僚はほぼ全面的に交代することになっている。これは高級官僚はその政党の支持者であるべきであるという考え方でその国の制度ができあがっているからである。そして、これらの人が高級官僚に値するかどうかの第三者チェックの機能は、上院がその就任に同意するという形で担保されている。この制度の下では新しい大統領は、意のままに長官、次官、局長、審議官のポストに新しい人を任命する。その場合、新しい大統領の選出にどの程度貢献したかということも考慮されることがあるようである。

ところが、米国の制度の下でも、中堅以下の公務員（いわば公務員であることを天職としている人）についての人事は新しい政権が意のままに行なっているわけではない。常に不偏不党を要求されているこれらの中堅以下の公務員については、むしろ時の大統領や長官の恣意が働かないような仕組みになっているといえよう。わが国の公務員制度は、全体が、米国でいえば中堅以下の公務員についてと同様の制度となっている。

ヨーロッパの主要国の公務員制度は、わが国のそれに似ている。公務員は、上級の職にある者を含めて、その任務を遂行するに際し、不偏不党、政治的中立性を守ることが求められている。これらの諸国では、政権政党が代わったり、大臣が代わったからといって公務員の人事に格別の影響があるわけではないようである。そして、それぞれのポストへの配置も、原則として公務員の判断によって行なわれている（これらの点については「第6章　世界の役人たち」を参照されたい）。

わが国の公務員制度全体が、米国型のいわゆるポリティカル・アポインティ制度の下にあるのならともかく、そうでない現在、役人の人事に対する政治の関与は行政の中立性の確保の観点からも慎重にすべきであろう。

加うるに、先に述べたように、役人の仕事は、全体としてチームワークで処理され、かつ、過去の膨大な仕事の蓄積の上に成り立っている。それぞれの役人が、ある目標を達成することにどの程度貢献したかを外部の人が客観的に評価することは実にむずかしい。また、個々の役人の能力や性格や適性を、短期間観察しただけで知ることは容易ではない。役人のなかには、少数ではあるが先に述べたように、自己の事績を過大に示そうとするパフォーマンス型の者がいる。それに眩惑されてもいけない。

筆者の経験によれば、結局のところ、長年共に役人をやってきた同僚やその直属の上司の判断を最大限尊重して行なわれる人事が結果として最も公平、かつ、望ましいものとなる確率が高いように思う。

2　人事の受け止め方

人事４つの心得

前節では、もっぱら他人の人事の評価をしたり、人事配置を行なう際の留意事項について述べたが、人事評価を受けたり、人事異動の命令を受ける立場にある者が心得《う》べきことはどういうことであろうか。いわば部下としての心得である。

その1は、役人は自分自身の実力を過大評価しがちであるということである。自分自身でそれなりに努力しているからでもあろう。そこで、どうして自分より仕事ができないA君がああいう良いポストに就くのだろうということになる。

ところが、現実には個々人は自分が思っているほどよく仕事ができるわけではない。

ふりかえってみて、自分の実力は「あの男」と同程度だと感じられる場合には、明らかに「あの男」のほうが実力がある。「あの男は俺より少し出来が悪いなァ」と思われるとき、先方とほぼ同程度の力があると考えるのが無難であろう。

その2は、役人の人事は通常考えられているほど機械的に行なわれるわけではないということである。主税局の税制第一課の総括の課長補佐を務めたから次は同局総務課の筆頭課長補佐に任命されるはずだ、とか、前任者がこのポストからある面白いポストに就いたから自分もそうなるはずだ、と思いがちである。そして、現実にそうならなかった場合に、いろいろと頭を巡らせ、自分のこれまでの仕事ぶりはそんなにまずかったのであろうかと悩んだり、逆にそういう人事をしてくれなかった上司は不当であるとして反感を抱いたりすることがある。

ところが、現実の人事は、それほど事務的に行なわれているわけではない。たとえば、来年はあの課の仕事は大変だからよくできる役人をそこに充てようといった仕事上の都合や、その課の課長の仕事ぶりが唯我独尊的だから人あたりの良い人格円満な課長補佐を下に就けようといった人事組み合わせ上の配慮や、本当は仕事のよくできる彼をさらに活用したいが、あまりにも激務が続くので今度はそれほどの激務でないポストに就けようといった人事上の配慮などからも決まるのである。

いいかえれば、良いポストに就かなかったからといってその役人に対する評価が悪いというわけではない。逆に、良いポストに就いたからと言って必ずしも当人に対する評価が上がったというわけではないのである。

その３は、上司は部下の人事について、部下が考えている以上に気を遣っているということである。人事の内示の日に、上司から「君の次のポストはここだ」と言われて、その時点で、「この上司はあまりめんどうを見てくれなかった」と思った場合でも、後で振り返ってみるとその上司も限られた環境の下でそれなりの努力をしてくれたことがわかることが多い。先に述べたように、上司は自分の人事についてはともかく、部下の人事については奔走するものだ。

その４は、およそ人事の結果というものは、７割の人にとっては不満なものであるということである。誰にもその実力相応の希望があるし、自身についての過大評価がある。また、当の本人はその時々の人事が行なわれる環境や競争者の置かれている立場について１００％知りうる立場にはない。人の満足度というものが当人の期待値とその実現値との比率であるとしたら、期待値が高ければ高いほど、結果としての人事に対する満足度は低くなる。かくして、運の良い人でも自分の意にそった人事は3回に1回、悪い人では4回に1回ということとなる。心すべきは自らの人事に過度に悲観したり、無用に立腹したりして、その任された仕事を上手に処理しえなくなることである。有能な役人に時としてこの傾向がみられるところであり、心すべきことである。

「いずれ又　咲く日もあろう　梅の花」

そうは言っても、長い役人人生のなかには不本意な人事命令を受けることがある。一生懸命働き、それなりの成果を挙げたつもりなのに低い人事評価しか受けないこともあるし、どうみても自分のほうが適しているというポストに他人が座ることもある。そしてなかにはそういうことに対する不満の結果を周りの人にぶつけたりする者も出てくる。最も極端な場合には、その結果、仕事に対する「やる気」を失う場合がある。これらはすべて意識して排除すべきことである。

最も大切なことは、役人の仕事というのは一見つまらないようにみえても、実は大変意義があり、とても面白いものであるものが大部分であるということである。さらに大切なことは、特に企画立案の仕事に携わる役人については当人が適切な政策をとるかどうかが、広く国民全体の生活に影響を与えるということである。前任者の仕事のやり方や経歴を踏まえれば大した業績を挙げられなかったポストでも、自分の実力や経歴をもってすればそれなりの成果を挙げられるかもしれない。

もし、本当に新しいポストが自分に適さなかったり、いわゆる閑職であったりした場合には、これを奇貨として、その貴重な時間を活用することである。いわば一種の充電期間として、これまで時間がなかったために読めなかった本を読んだり、過去の資料をとりまとめたり、将来、自分のやろうと思っていることの勉強をしたりすべきである。筆まめな人はこの間に論文を書いたり、本をまとめたりするのも良いだろうし、家庭サービスをしたり、料理の道に入るのも良いだろう。いずれにしろ役人として最も注意しなければならないのは、やる気をなくすことである。

筆者は、こういうときに自らに言い聞かせる心構えを、次のような句に託していた。

いずれ又　咲く日もあろう　梅の花

時には、「天道是か非か」と問いたいような思いがけない人事がある。そういう人事が下されたのなら、それはそれで仕方がない。今年の梅の花は散ってしまったが、それで終わりということもないだろう。また咲く日もあろうから淡々としてその日に備えようではないか、というほどの気分である。

筆者の母校である修猷館《しゅうゆうかん》（筆者の時代は高校である）の先輩に広田弘毅氏がいる。彼は先の第2次世界大戦後の極東軍事裁判において、A級戦犯としては唯一の文人として絞首刑の判決を受けた。知られている通り彼はなんらの弁明もすることなく従容《しょうよう》として死を受け入れたが、当人は本来政治家ではなく、立派な職業外交官であり、その役人人生は順調であった。ところが、あるとき本人には思いもよらぬポストに任命された。すでに相当の地位にいたようであるが、それは本人の意に沿わないことははなはだしいものであったようである。それでも淡々と仕事をこなし、そのときの心境を次のように詠んでいる。おそらくこれも同様の趣旨によるものであろう。

風車　風が吹くまで　昼寝かな

第5章　健康編

1　健康の大切さ

厳しい職場環境

中央官庁の記者クラブに勤務したことのあるジャーナリストや、霞が関と交渉したことのある企業人などにはよく知られていることであるが、役人の生活環境はきわめて厳しい。特に勤務時間がおそらく通常の人には想像し難いほど長い。年度末の予算編成の詰めの時期に、「深夜まで灯りが点く大蔵省」といった記事が写真入りで掲載されることがあった。だが、霞が関の勤務時間が長いのはなにも予算期に限られたことではない。また、予算関係者だけではない。かつて、「通商産業省」が、「通常残業省」と揶揄《やゆ》されていたことからもわかるように、これは霞が関全体の問題である。

筆者が入省した1966年頃も相当忙しかったが、今から考えると当時はまだ序の口であった。その後の国際化の進展と国会への対応は、政府の仕事の複雑化と相まって役人の仕事を著しく増やすことになった（なお、この政府の仕事の増大は、一般に考えられているように社会における政府の役割がこの間に大きくなったということではなく、同じ役割のなかでその仕事の内容が複雑になったことに由来する）。

本来ならば新たな仕事が加わるたびにそれに見合った仕事の削減が試みられなければならない（なにしろこの間に公務員の数は削減されてきている）が、なかなかそうはいかなかったようである。上司としてある仕事を削減せよと命じることは容易ではない。また、世間も「なぜ役所はこういうことをしないのか」とその不十分な対応を責めることには熱心であるが、「こういうことはしなくてよい」という提言についてはそうではなかったように思う。役人のほうも、なんとか前任者よりは良い仕事をしようということになりがちであり、それも仕事量の増大につながった。また、時代が進むにつれて「命じられた仕事はとにかくやるものだ」という傾向が強くなったことにもよるように思う。

職場環境の改善については、週休2日制の導入、定時退庁日の設定などによる超過勤務時間の縮小などの努力がなされたが、長い勤務時間という現象は霞が関に事実として存在しつづけたのである。それが自らの昇進のためか、国益を思うゆえか、なんとか自身に納得のいく仕事をするためか、その理由はそれぞれ人によって異なってはいよう。いずれにしろ、こういう環境が健康に良い影響を与えないのは当然である。

ミジメを絵に描いたような生活

役人時代を振りかえって強く感じることの1つは、それが体力的に大変つらい仕事の連続であったということである。これは筆者がもともと格別に頑健でなかったこともその一因かもしれない。

最初に配属されたところでは夜は通常9時や10時頃まで仕事があり（なにしろそうしないと仕事が終わらないのである）、役所はなんと忙しいところかと思ったが、これは序の口であった。主税局の課長補佐勤務4年間のうち3年間は、1年のうち2、3か月を除いて午前1時、2時までの勤務が通常であった。筆者はこの時期に、後に述べるように自らの健康についていろいろの工夫をすることを始めたのである。その後、国際金融関係の仕事をするようになってからも多忙な日が続いた。特に国際機構課長のときには、

1986年に東京サミットが開かれその担当課長だったこともあり格別であった。東京サミットの第1日目の睡眠時間は2時間、2日目は30分であった（ただし、さすがに2日目は昼過ぎに睡眠をとった）。部下である若い役人の結婚式があり、新郎の友人がそのスピーチのなかで、「新郎は暗いうちに家に帰りたい（仕事が多いため朝、東の空が明るくなりかけた頃に役所から帰っているという意味である）と言っている」と言われ、課長として面目を失したのもこの時期である。

86年の夏から88年の夏まで、いわゆる副財務官であった。この2年間は、すべての5か国蔵相・中央銀行総裁会議（G5）および7か国蔵相・中央銀行総裁会議（G7）に通訳として出席した。それらの会合は、ワシントンやパリで開かれることが多かったが仕事は現地における通訳にとどまらない。事前の準備、場合により飛行機のなかでの作業、そして現地第1日目のG5、第2日目のG7と続くのである。これらの会議の概要の作成もしなければならない。87年2月のいわゆるルーブル合意後の同年4月のワシントンにおける会合の際、同地にいた大学時代の友人にこれこれしかじかの理由でワシントンに来ている、しかしながら一緒に食事をする暇はない、と電話で告げたところ、「まるでミジメを絵に描いたような日程だな」という返事がかえってきた。

94年の国際金融局次長のときの大きな仕事は、日米金融協議であった。同年夏から本格的に始まったこの交渉について、米側は同年の年内に終わらせたいということを内外に宣言していた。日本側としても1月上旬に村山総理の訪米が予定されており、それまでに合意を成立させて欲しいということであった。筆者は日本側を代表した共同議長として、米国のガイトナー次官補代理（後に財務次官）の率いる米国側と何度も会合を開いた。この協議は結局同年末のシアトルにおける会合で実質的な合意に達したが、この会合も体力戦であった。当初1日半で終了する予定が3日かかることになった。特に第2日目は午前4時に交渉を終わりその4時間後の午前8時に3日目の会合を開くということになった。各局の次長、審議官クラスで構成された日本代表団は議長である筆者も含め50代であったが、米国側の議長であるガイトナー氏は30代の前半であった。米国側の通訳として日本代表団を正面から見ていた通訳氏によれば、日本側の疲労状態は見てはいられないほどだったということであった。

こういう仕事ぶりは筆者に限ったわけではない。昭和41年に大蔵省に上級職として入省したいわゆる「41年組」のほとんどがこういう生活をした。いろいろな評価もあろうが全員が猛烈に仕事をしたことは事実である。そして、この22名の同期生のうち3名が

50代の前半までに病死した。それが多忙と関連があることは容易に推測できるところであった。また、本人は元気であっても家族に障害が生じた者もいた。

いずれの局でも似たような状況ではなかったかと思うが、筆者の経験した部局のなかでは主税局の厳しさが特に印象に残る。筆者はその4年間に3名の課長にお仕えしたが、そのうち2名の方が後に60代で亡くなられた。局長を務められた方についても似たような状況であった。

事態はその後大分改善されたようであるが、基本的に似たような状況にあるのではないかと心配している。

健全な判断は健全な心身から

誰にとっても健康は何物にも代え難いものであるが、「役人道」の立場からいえば、「健全な判断は健全な心身によりもたらされる」ことに健康の重要性がある。身体が健康でないと、一時的にはともかく、常に的確な判断を下すこと（役人にはこれが求められる）は困難である。この場合、健康とは、肉体と精神と双方が健康であることを意味する。

役人の場合、その判断は国民の権利や業務に直接影響を与えることが少なくない。また、多くの人々にその影響が及ぶ。したがって、心身を健全に保ち判断を誤らないことは、自分自身のためだけではない。

筆者はあるとき、仕事のよくできるきわめて優秀な同僚と仕事上のやりとりをしていた。その言うところは常に正鵠《せいこく》を得ており多くの役人の信頼を集めていたのだが、この年の彼の対応は変であった。常日頃から必要なことは頻繁に連絡してくるし、何かと相談があったが、この年はそうではなかったのである。後日、彼が病気であったことを知った。またあるとき、当時の筆者にとっては大変な高官がやや理解に苦しむ判断をされた。この高官は当時疲労困憊《こんぱい》の極にあられたそうである。残念なことにお二人とも現役中に亡くなられた。

国際化と国会対応

役人が心身の健全性を保ちうるための改善努力は各方面で続けられているが、今後ともその継続が必要であり、事実そうなるであろう。そこで、今後の参考のため、役人を多忙にした要因について述べておきたい。10年、20年といった単位でみた場合、霞が関を多忙にしてきた要因として2つのものがある。

第1は、わが国の国際化である。筆者が入省した頃は国際会議や国際交渉といったものは極端に少なかったし、これをサポートする仕組みも単純であった。外国へ電話をかけるためにも、電報を打つためにも、各局総務課の筆頭課長補佐の印鑑が必要であった。そして国際会議に出席するため羽田空港に上司である局長や課長が出発されればその後の1週間は音信不通であった。部下たちはその間に出発準備のために蓄積した疲労を解消することができた。

ところが国際会議が頻繁になり、その動きに対する国民の注目が集まり、各種の技術進歩が進むにつれて事態は大幅に変わってきた。時差のある現地との連絡をとるため、昼夜を問わず、また土日を問わず、連絡要員が霞が関に待機せざるを得なくなった。重要な会議では現地からのテレビ中継が入るようになり、それへのコメントを東京にいる要人が求められるようになって、これら要人に即刻会議の進捗状況や結果を報告することが必要となった。また、かつては飛行機のなかは随行する職員の貴重な睡眠の場であったが、ワープロやパソコンの普及によってそれも仕事場と化するにいたった。時差と戦いつつ、低い気圧のなかで（機中は0・9気圧に減圧されている）、シートベルトを締め、時として乱気流に揺られながら、パソコンに会議の資料の入力をする作業が健康に良いはずがない。

第2は、国会や政治への対応の増加である。今や多くの役所では、その日の国会の状況について逐次館内放送が行なわれている。たとえば「衆議院予算委員会が今始まりました」とか「ただ今、同委員会の質問者がA議員からB議員に替わりました」とかいう情報が、時々刻々と行政官庁たる役所の全館内に流されるのである。

また現在は法案の審議やその役所の事務一般について国会議員が行なう質問の事前聴取のために多くのマンパワーが割かれている。筆者が入省した１９６６年前後は国会審議の進捗を知らせる館内放送もなかったし、このような「質問とり」にそれほどの人員が使われることもなかった。また国会の委員会における答弁者も、自分の役所の関係する委員会（たとえば大蔵省の場合には大蔵委員会）では局長クラスである政府委員による対応が求められていたが、他の委員会の場合には課長クラスが対応していた。税制改正の審議の際には大蔵委員会において課長補佐が答弁したこともあった。

ところが答弁者についての要請は時とともにランクアップし、いつの頃からか国会での答弁はどの委員会であっても原則として局長クラスである政府委員が務めることになった。あわせて国会の出席者についての事前の登録が厳しく求められるようになった。各委員会への出席者のランクが上がればそれだけ準備のための関係者が増えるということになるし、高官が国会審議に多くとられるということは当人が行政に従事する時間が減少するということになる。また時代とともに各党に対する法律案や所管行政の説明も一層丁寧になっていった。

これらについては、1999年の年央より政府委員制度が廃止され、国会における答弁は原則として大臣、副大臣が行なうことにされた。政治と行政の役割についての1つの明確化の努力であり、運営よろしきを得れば、相当の改善につながるものと思われる。

2 健康維持のヒント

三度の食事は必ず

若いうちは少々の無理をしてもただちに身体に故障を生ずるということはない。しかし、体力や病気に対する抵抗力は、年とともに確実に衰える。筆者が役所に入りたての頃、課長が「今日はこの仕事が片づくまで真夜中になっても頑張ろう」と言われるのを聞いて、「昼間の厳しい仕事のペースで真夜中までの仕事となると大変だ」と思ったものである。

ところが、夜の9時頃になるとその課長が、「今日は疲れたからこの辺でやめようや」と言って退庁され、続いて10時頃課長補佐がその仕事を手じまいされ、結局11時頃にはわれわれ係員も役所を出ることができるというふうであった。これは明らかに年齢による体力差を反映したものであり、当時、若いことは有難いことだと思ったものである。大蔵省に言い伝えられたことの1つに、「若いうちにはいくら仕事をしても仕事だけをやっているのであれば身体を壊すことはない。若いうちに身体を壊すのは仕事と遊びの双方に無茶をするからだ」というのがあったが、そうだろうと思ったものである。

ところが、若いうちに健康を守るために気をつけなければならないことが少なくとも1つある。それは、朝、昼、晩、の三度の食事は必ずとるということである。若い者をよく働かせるためのせりふとも思われた「睡眠不足で死んだ者はいない」という言い方も、その後に「ただし食事を抜いてはいけない」というせりふがつけ加えられなければならない。ただし、その精神が高じて、夜の12時に四食目をとることが恒常化することは避けなければならない。

定期的に運動を

霞が関においては、おそらく課長補佐時代が激務の最たるものであろう。役所にもよろうが、課長補佐ともなればその省庁を代表する者としての発言が可能になるし、仕事も自らの責任において処理しうるようになる。担当する仕事について最も詳しい情報を持つのも、法令の解釈について最も深く知っているのも、課長補佐ということになる。

このような仕事上の権限と責任の増大に伴い、課長補佐となるとその仕事の厳しさは一段と増すことになる。筆者は税務署長を終えて本省に戻ってから、主税局、官房文書課、理財局、国際金融局と10年間の長きにわたり課長補佐の仕事を務めた。この時期には、財務局、国税局、税関といったいわゆる地方支分部局の部長として地方勤務をしたり、IMFや世界銀行に出向して海外勤務をしたりすることが多いが、筆者の場合、そういうこともなかった。ある時上司から「久保田クン、課長補佐というのは（激務のため体力が衰え知恵も枯渇して）5、6年たったら使いものにならなくなるよナー」と言われて、「私は使いものにならなくなってからすでに3年経っています」と冗談まじりに答えた覚えがある。

主税局の課長補佐時代に、自分の生活パターンが著しく不規則、不健康なものとなっていることに気づいた。その不規則な生活の影響は身体的特徴となって現われはじめていた。

勤務時間は著しく長いものになっていた。それもよくいわれるように国会のための待機とか他省庁との打合せのための待ち時間とかいったようなものではなく、朝から晩まで働き詰めというものであった。主税局の大きな仕事は増税であるが、他の役所や関係団体も予算を獲得したり減税措置を手に入れるということであれば仕事を支援してくれるが、増税の場合はそうはいかない。自ら資料を集め、勉強し、考え、案をつくらなければならない。退庁時間は午前1時、2時ということが通常であった。帰宅は2時、3時である。

これに合わせて、11時頃夜食として四食目をとるということになる。しかも、親子丼やカツ丼などいわゆる店屋ものをとり、野菜やつゆものを同時にとるということもない。その結果、体重は不健康に増えていった。しかも、休日である日曜日も家にいて「どうやって増税をするか」など仕事のことを考えていることに気づいたのである。そして、これはなんとかしなければならないと思うようになった。そこで定期的に身体を動かすために、日曜日のテニス・スクールに参加することにした。少なくともテニスをしている間は仕事を忘れているのである。以降、多少の断絶はあったが、定期的にテニスをするということは今日も続けている。

まわりを見回してみると、健康保持のためにいろいろと工夫している役人も少なくない。なかでも定期的に歩くことにしている人は意外に多い。激務の課長補佐時代は無理かもしれないが、朝の出勤途上、地下鉄の駅を1つ、2つ手前で降りて歩いている人もいれば、昼食後30分程度歩くことに努めている者、たまに早く帰ったときに自宅のまわりを散策している友人もいる。休日に犬をつれて散歩している先輩や、自転車で2、3時間走っているという人もいる。いずれにしても、なんとか時間をみつけて、自分の生活パターンや趣味にあった運動を定期的に行なうことを強く勧めたい。

避けたい「無用の消耗」

1994年4月10日、メキシコ第2の都市であるグアダラハラでは、米州開発銀行の第8次増資交渉の最終段階に入っていた。米州開銀の資金も底をつきはじめたことから、この交渉は同銀行の年次総会が始まる4月12日までに決着させる必要があった。ところが、各国の思惑が錯綜するこの交渉はなかなか進展しない。

会議はストップ・アンド・ゴーの繰り返しとなった。むずかしい話になるとそのテーマに関係のある国の代表が別室に消え、残りの代表は会議場で次の全体会合が開始されるのを待つのである。午前2時頃からラテン・アメリカの主要国が隣室に消えなかなか戻ってこない。会議はもう2日目であり、全員疲れてホテルの部屋で休憩したいところである。だがもし留守中に会議が再開されると、その場にいないことを奇貨として欠席国に不利なことを決定される恐れがあるのでそうもいかない。

この間の時間の過ごし方は人によってさまざまであった。米国の代表の審議官は、当人の性格のゆえか、こういうことに慣れていないためか、大きな声で興奮気味に自国の代表団と騒いでいる。日本の代表である筆者は、かつて先輩から受けた教えに従い、また、予算時期の徹夜の折衝や国会待機の際の経験から、目を半眼に開いて眠るがごとく起きるがごとく、黙してじっと椅子に座り体力の消耗を防いでいた。仏の代表であるマイヤー国際金融局長も慣れたものでじっと静かにして体力の消耗を防いでいる。さすがである。

が、ときどき机の下から取り出した小冊子に目を落としている。見ると手垢がついている。「こういう時はじっとしているに限るナ」と筆者。「その通りである」「ところで貴兄は何を読んでいるのか」と聞いたところ「これは自分の大好きな詩集である。これを読んで心を落ち着けているのだ」ということである。そしてまた続けて「実は自分の先輩であるトリシェ（国際金融局長から国庫総局長、後に仏中央銀行総裁となった）もこうしていた」というのである。

国内であれ、国際舞台であれ、役人はしばしばきわめて長期にわたり睡眠時間を削る交渉をしなければならない。その際の過ごし方や心構えは各人がそれぞれの経験のなかで取得するものであろう。筆者の場合、主税局において、かつて課長補佐の時代はすべて主計局で過ごしたという課長から、多忙な仕事が長く続く場合の対処の仕方について2つのことを教わった。このグアダラハラの交渉の際の対応もその教訓に従ったものである。

その第1は、「無用の体力の消耗を防げ」ということである。霞が関の役人の仕事はきわめて長期にわたり多忙な日々が続くことが多い。三度の食事も十分にとれず、睡眠時間もきわめて短い。文字通り寝食を忘れて仕事に励まざるをえないことが少なくない。たとえば予算案の策定や税制改正に伴ういわゆる予算編成がらみの仕事がその代表である。７月当初の来年度予算の枠組みともいうべき「予算要求のシーリング」の設定を受けて、各省は８月末までに概算要求をつくる。これだけでも相当のエネルギーを要する。９月からは財政当局との折衝が始まる。要求官庁と査定官庁の議論、折衝、攻防は12月末の政府案決定前後にピークに達する。この間、政府内のみならず与党との調整も必要である。連立内閣ともなればその調整の相手方も一党というわけではない。年を越せば関連法律案の作成、国会提出、予算および法律案の国会審議と続くのである。年度内、すなわち3月末までに法案が国会で承認されると、今度はこれを実施するための政令案作成となる。この際も関係省庁や業界との交渉が必要となることが多い。

このような長丁場を、その任された役割を果たしつつ乗り切ることは容易ではない。そのためには、体力的に倒れないことは最小限の要請であり、さらに常に健全な判断を下しうる精神面の安定も要請される。そこでその教えるところは、大事なところでは全力疾走をするが、その必要のないときには静かにしてできるだけ無駄なエネルギーの消耗を防げということである。

第2は、「どんなに疲れていても常にあと一戦を戦えるだけの余力を残しておけ」ということである。大きな仕事をしていると、もうこれでこの事項は決着したと思っていても、まさかの事態が発生し、新たな対応を迫られることがある。そこで責任ある仕事をしようとする者は、どういう事態に遭遇しても当面の仕事の処理のために体力をすべて使い切ってしまってはならない。常にいくばくかのエネルギーは残しておくべきである、ということである。

この2つの教えは国内での交渉のみならず、国際交渉の際にも十分妥当するものであった。おそらく、国籍を問わず世界の責任ある役人にとっても役に立つ共通の教えであろう。

「現地化」の勧め

1992年夏、筆者は海外経済協力基金（旧日本輸出入銀行と合併して現在、国際協力銀行）に出向を命じられた。その英文名称の略称であるOECFとして世界的に有名であったこの機関の主要な機能は、わが国のODAの大宗を占める円借款（途上国に対して経済発展を支援するために提供される低利のローン）を供与することであった。当時、すでに公的機関としては世界銀行に次ぐ第2の途上国への融資機関であり、その融資残高は世界銀行のそれの2分の1に達していた。

このＯＥＣＦは海外に駐在員事務所をもっていたが、そのほとんどは発展途上国であった。ジャカルタ、マニラ、クアラルンプール、バンコク、北京、ダッカ、ニューデリー、カイロなどである。１９６１年に創設されたこの組織の職員は、途上国の援助に熱意を持った人々であり、大変仕事熱心であった。

ちょうどその時期、所用で東南アジアの事務所を訪れたときに、国際的な取引に強いある邦銀の支店長氏に面会し意見の交換をしたことがあった。この国に滞在すること数年に及ぶこの支店長氏の対応は異常であった。筆者が「当地における邦銀の金融取引についで目新しいことがありますか」聞くと、じっと当方の眼を見て何もおっしゃらないのである。質問が聞きとれなかったのかもしれない。それではもう一度尋ねてみるしかあるまいと、再度同じ質問を発しようとすると、同氏はおもむろに口を開き、「実は……」とゆっくりと話を始められた。この間2、3分の間隔があったような気がした。

この現地で類い稀《まれ》なる業績を挙げておられる支店長氏は、完全に「現地化」しておられたのである。歩くときも当地の人と同じようにゆっくりと歩き、オフィスでの勤務も当地の人と同様に早目に切り上げ、超過勤務はしない。つまるところ当地の人と同じような生活を心がけておられた。しかも、年に1回与えられる瘴癘《しょうれい》地《ち》休暇（気候条件の悪い地に住む人のために健康保持のために認められている特別の休暇）のときには日本に帰ってあちこち飛びまわるなどということはせず、保養地でゆったり休むことにしているということであった。

ＯＥＣＦの職員は途上国の援助のため熱意をもってよく働く人が多かった。東京でのみならず、海外においてもそうであった。東京の本社から電話を入れると、マニラの駐在員事務所でも、ジャカルタの事務所でも、現地時間の夜の８や９時でも誰か働いているのである。あたかもこれらの事務所が、福岡や鹿児島といった日本の都市の１つであるかのような働きぶりであった。こういうペースの働き方ではどこかに無理がくるのではないかと思った。

海外で勤務するということは基本的に慣れない生活をするということである。気分転換になるとか、日本にいるときに比べて時間的余裕があり面白いという人も多いが、それでも何らかの形でストレスのたまる生活をしていることに変わりはない。わけても途上国で勤務する際には格別の留意が必要である。生水を飲んではいけないとか、生野菜に気をつけよ、とはよくいわれることであるが、生活のリズムを現地の人と同様にすることもきわめて大切である。

人事と健康

客観的な統計があるかどうか知らないが、役人の現役中の死亡率は他の仕事に比して高いのではなかろうか。知人、友人でもかなりの数の役人が50代の前半までに病気で亡くなっている。その主因は仕事によるものがきわめて多いと思うが（その点についてはあとで述べる）、そのほか、いわゆる仕事のできる人にむずかしい仕事が次々と割りあてられ、それをうまく処理するとまたむずかしい仕事が待っているポストに就けられるという人事の傾向にもあるように思う。

筆者の大学時代のクラスメートで46歳で病死した役人の追悼集に、かつてその上司であった人が次のように書いておられる。

組織の悪いところは、出来る人のところに難しい仕事が行くことである。とびきり難しい仕事があると、それは、大抵彼のところに行ったように思われる。そして、そういう難しい仕事には、しばしば難しい上司から難しい注文のつく場合が多かった。……出来る上司が、出来る彼を求めるので、彼は、優秀な上司の下で重用され、困難な課題に取り組むという宿命を担うこととなった。

彼は、彼の全能力を傾けて、与えられた課題を解決していった。難しい注文にも、ひるまなかった。横から見ていると、まるでマジックのように、みごとに、素早く片付けていた。

あの緊張が、内臓をむしばまない筈はない。彼は、余りに豊かな才能に恵まれ過ぎたが故に、普通ならとてもこなせない難題をこなした。そのことが、彼に、また、次の難題をもたらすこととなった。誠実な彼は、それもまた、全能力を傾注してこなした。こうして彼は、自らの身体を、組織に捧げてしまったのである。


人事当局としてこういうことにならないような仕組みにすることが要請されているのはいうまでもない。また、役人は自らの健康状態を、正直に人事当局者に知らしめておかなければならない。自らやりたい仕事についても、時として自分や自分の家族の健康と相談しつつ取り組まなければならない。

筆者は最初の課長補佐時代を主税局で4年間過ごした。この間、大変多忙であった。その4年目の夏も近づいた頃、総務課長室に呼ばれた。「君もよく仕事をやってくれた。

そこで次は主計局に行ってもらおうと思っている。相手の総務課長ともだいたい話はついている」と言われたのである。当時はそれがいかに重要なことか、また、予算の仕事についての希望者がいかに多いかということもよく知らなかった。また、そこまで先方と話をつけるために総務課長がいかに苦労されたかについても考えは及ばなかった。ただ、その仕事がいかに大変かということは知っていた。そこで総務課長には、「まことに申し訳ありませんがその話は無しにしていただけないでしょうか」と申しあげたのである。課長補佐時代をほとんど予算の仕事で過ごされ、そのつもりで筆者を指導してこられたであろうこの総務課長のご立腹ぶりは今でも鮮やかに覚えている。「なぜだ」とおっしゃったのは当然であろう。

筆者は、4年間の主税局の生活で体力が限界に近づいていると思うこと、元来強健ではないところを精神力で頑張ってきたがこれ以上はむずかしいであろうこと、そしてこのままのペースで役所の生活を続ければ多分そのうちに倒れるだろうと思うことを正直に述べたのである。事実、当時の主税局での生活は相当のもので、筆者が税制二課で共に勤務した筆頭補佐は主税局勤務が長い方であったが、1年のうちで気分の良い日は1日か2日だと言っておられた。

かくして筆者は総務課長のご厚意を無にし、世に大変やり甲斐のあるといわれる主計局の仕事を結局は経験しないこととなった。大変申し訳なく、かつ、残念ではあったが、現在思いかえしてみてもこの判断は正しかったと思う。健康は何にも勝るものである。世間的に良いポストだといわれているところであっても、自ら考えて自らの希望を表明すべきであろう。ただし、人事という事柄の性質上、現実にその希望が受け入れられるかどうかは別の話である。

健康は自分で守ろう

結局のところ、健康は自分で守るしかない。そして、詳細にみれば、忙しいとか、休みづらいとかいわれる霞が関のなかで、それなりの方法で健康に留意している人がいるのに気づくのである。時間をみつけては外を歩いている人、コーヒーや紅茶に砂糖を入れない人、あるいはコーヒーは絶対に飲まない人、上司が残っていても自分の仕事が終わればサッサと帰る人……。

「健康は自分で守ろう」というのは当たり前のことであるが、霞が関においては残念ながらこれを声高に主張しなければならない状態であった。実はこれは、30年以上精神科医として過ごし、虎の門病院を定年退職して大蔵省診療所に移り、長く大蔵省診療所長をつとめられた栗原雅直氏の著された本（中央公論社）の題名でもある。「フォアグラなんかにならないで」という副題のついたこの本の「まえがき」で、著者は次のように述べておられる。

成人病を主なトピックとして取り上げた理由は、職員たちの中にこういった患者やその予備軍があまりに多かったためである。診療所長としては、何とか対策をたてる必要に迫られていた。大蔵省の仕事のやり方が少し分かってきたこの頃になって、「これでは酷すぎる」という印象を禁じえなくなった。こんなに残業時間が多いのでは、健康に暮らせといっても無理だろう。五〇歳を過ぎてやっとホッとできる頃、身体が成人病でガタガタになっていたのでは、何のために安給料で働いたのか分からなくなる。これもひとえに長時間残業によるストレス、その解消のための食べ過ぎ・酒の飲み過ぎという日本的風土が、大蔵省においてとくに鮮明に表れているためだろう。しかし今の日本で役人の生活を楽にしろなどと主張しても、受け入れられないと思う。

さらに社会全般にも生活上のストレスが強くなった結果、成人病がますます増えてきている。また肥満やエイズの予防についての啓蒙も、緊急性があるだろう。

こういった知識をもつことによって、少しはみなの病気の予防に役立てたいということが、この本を書く大きな動機になった。

1990年代半ばの霞が関の状況についてのこの記述が、現在にはあてはまらないということであれば大変結構なことである。

3 心の健康

役人は心の病気にかかりやすい

健康といえば、これまでは肉体上の健康が主なテーマであった。ところが、最近は「心の健康」の重要性が認識されるようになってきた。役人は心の病気にかかりやすいように思う。心の病気に気をつけなければならない。

まず、公務員の仕事はきわめてストレスを生みやすいものである。公務員は「国民一般」や「公」の役に立つ仕事をするわけであるが、その直接対峙する相手は、その人特有の環境にあり、かつ、その人特有の利害を持っている個々人やグループである。これらの個人やグループにとっては、たとえば税金は軽いに越したことはないし、建築の規制は自分の希望するものはいざ知らず、そうではないものについては存在しないほうが好ましい。現状に満足する人々は役所には現われないから、結局役人は現状に満足していない人を常に相手にしているということになる。精神的によろしかろうはずがない。

さらに言えば、「公益」ということは通常は目に見えないものであり、そのメリットはただちには認識し難い。つまるところは国民の負託を受けてそういうことをしているとしても（現在の各種の仕組みも国会や地方公共団体の議会でつくられたものであるから、その内容は結局は国民の意思を反映したものであるはずだ）、その結果が具体的なものとして自分の利益として反映していることは、国民にとってなかなか認識し難いところがある。

第2に、現実問題として役所は限られた人数と予算のなかで、抽象的にいえば無限の問題を処理しなければならないことになりがちである。最大限の努力をしてもすべてを完全無欠に処理することは不可能である。ところが、役所に対しては、世間は完全無欠を要求する傾向にある。

第3に、現実に役人の仕事をする環境はきわめて過酷である。前節でも述べたように、特に霞が関での役人生活は、文字通り寝食を削ることを要求するものであり、それが心の健康に良かろうはずがない。事実、自殺をした役人の多くはそれまでに実に過酷な日々を送っている。

第4に、一般的に役人になる人は真面目な人が多い。ズボラな人やいわゆるチャランポランな人は公務員を希望しないだろうし、たとえ希望しても面接試験で不採用ということになる。多くの役人は、物事がうまくいかない場合、環境が悪いとか、そもそものテーマが自己の手に負えないとかいうことに頭を巡らすことが少なく、自らの能力が欠けているのではないかとか、自らの努力が足りないからだろうとか思いがちである。厳しい上司が、不合理なことを求める場合にもなんとかうまく仕えようとして努力するものである。

つまるところ、役人は心の病気になりやすいということの認識が大切である。

早期発見でリカバリーを

長い役人生活のなかで、精神的に追い詰められた人、調子の悪そうな人とも接触する機会があった。それらを通じて特に強調したいことは、心の負担に起因する病気は早期に発見し、適切に対応すれば必ず治るということである。一度そういう経験をした人で現実に本省の局長になった人もいるようである。ちなみに本省の局長になるというのはそう容易なことではなく、大学時代の成績が良く、むずかしい公務員試験に合格し、かつ公務員に適しているとして霞が関の役人になった人で、仕事もよくでき、そのうえ、時の運に恵まれた人がそうなるのである。上級職試験（現・総合職試験）に合格して本省に採用された人のうちの2、3割がそういうことになるというところであろうか。

筆者が課長補佐の時代、ある役所の人と折衝をしていたときのことである。この担当者は予算期ということで大変疲れておられるようであった。聞けば財政当局と大変激しいやりとりをしてきたということであった。ところが、こちらが言うことにすべて「ハイ」と同意されるのである。先方の不利になるようなことについても、「ハイ、ハイ」と言われる。じっと見ていると、眼球が動かない。本人が帰られてから、すぐにその役所から大蔵省に出向しておられる人に電話をしてことの次第を話し、何らかの対応をされたほうが良いと申し上げた。その役所ではただちに彼に休養を命じた由である。2、

3か月後にはすっかり元気を取り戻し、元の状態に復されたということであった。

「笑い」をつくる

一日中、神経のはりつめる仕事をし、しかも4、5時間の睡眠しかとらないということでは、どだい正常な状態でいることはむずかしい。そこで、精神的に正常な状態であろうとするための工夫が必要である。それは、そういう異常な状態をいかにしてなくすかということと、そういう異常な状態の下でいかにして生き残るか、ということになる。

後者についていえば、何よりもリラックスできる機会をできるだけつくるというのが1つの答えである。大蔵省というのは仕事には大変厳しいところではあったが、同時に稚気溢れるところであった。いろいろないたずらが仕掛けられたり、お互いにからかいあったり、わざと話を面白くしたりするところがあった。こういう面白い話を集めてエッセイを書き、本にまとめた大先輩もおられる。こういう風潮は、1つには省内の空気のおおらかさや寛大さに由来するところではあったろうが、厳しい仕事のなかで少しでもリラックスする機会をつくろうとする努力の結果だったのではなかろうか。

われわれも機会を見つけては面白い話をつくったり、それらを元に大笑いをすることにしていた。その場合、心おきなくそういうことができるのは同じ年に入省したいわゆる同期の仲間であった。仕事がうまくいかないときや理不尽なことで上司からきつくとがめられたりしたときは同期生をさそって役所の外で昼食をしたのである。そこで自分のやっている仕事をお互いに紹介したり、昔あったおかしな出来事やまったくの馬鹿話を大きな声で話し、大笑いをするのである。そして、笑いころげながら店を出ることもあった。入省時に起こった珍事など同じことが何回も何回も話題に上る。

こういうプロセスを経て、特に同期生の間に起こった昔の面白い事件は、ますます話に磨きがかかっていく。蛇足ながらこういう面白い話を家に帰って女房たちに紹介した結果、亭主たちは役所ではよほど楽しく仕事をしているらしいという誤解を与えたように思う。

外で食事をして気分転換を図るのは大蔵省だけではなかったらしい。筆者の大学時代の友人で銀行からある役所に出向してきていた人から、「役所の人はどうしてあんなに多く外で昼食をとるのだろうか。給料は安いし、省内に食堂もあるのに」と聞かれたことがある。それはなんとかリラックスしようと努力しているのだと説明したところ、納得したふうであった。

趣味を広げる

趣味を持つこと、広げることは、人生を豊かにするのみならず、心の健康を維持するためにも役立つ。定期的に運動をすることの大切さは前にも述べた。スポーツ以外にも、読書、音楽、絵画、碁、将棋などいわゆる文化的方面に趣味を持つことは良いことである。できれば、自ら歌ったり演奏したり描いたりすることが好ましいが、そうでなくともこれらを鑑賞するだけでも心の安定が得られるものである。少なくともそれらを楽しんでいる間は仕事のことを忘れているし、それらを楽しむことによって新たなイマジネーションがわいてくることもある。

とても忙しいので趣味を持つ暇などないと考えがちであるが、そうではない。チャンスはいくらでもあるのであり、要は積極的にやろうとするかどうかの問題である。

筆者にはクラシック音楽に造詣の深い友人がおり、その影響もあってこれに興味を持った。実際にコンサート・ホールに行く時間はほとんどなかったが、出張で飛行機に乗るとクラシック音楽を聞くことにし、そのなかで面白いと思ったものをメモして、しかるべきときにそのLPやCDを買うことにしたのである。国内便でも結構楽しいものをやっている。乏しい小遣いのなかから、毎月一枚のLPを買っていた時期があり、それはさらにオペラへと発展し、海外へたびたび出張していた頃、ワシントンで交渉が思い通りいかなかったときなど、ときどきそこの「タワーレコード」に行って国内よりは安いオペラのCDを買ったこともあった。面白いことにフランス大蔵省の役人で筆者の交渉相手の一人であったある女性の局長も同様のことをしていた。

蛇足ながらこのオペラのCDに付いている解説書を読むことによって、教科書や、歴史の専門家の手による本には書かれていないヨーロッパの近世の歴史やその背景について知ることができた。それらは知的にまことに興味深いものであり、同時にこうして得た知識は欧米の連中と仕事の上での交渉をする際に活用することができた。

役人の友人や先輩を見渡すと、自らヴァイオリンやフルートを演奏する人（海外に勤務した際、現地のアマチュアの交響楽団に参加した人もいる）、俳句の会を主宰する人、名字の研究の権威、シャーロック・ホームズの研究者、文学作品の賞をもらった人、蝶の収集の大家、家庭料理に精を出す人、パンづくりを趣味とする人、ソムリエなどさまざまである。これらの趣味も役人になる以前に身につけたものもあるだろうが、かなりのものは役人になってからのもののようである。あの多忙ななかでよくぞと感心するが、やる気さえあれば趣味を増やしていくことができることを示している。

趣味を持つ端緒は自ら好んで始めたものばかりでもあるまい。上司に勧められてイヤイヤ始めた囲碁が生涯の趣味となることもあろう。

セーフティ・ネットの提案

かつて大蔵省で自殺者が連続して出たことがある。いろいろ理由があってのことであろうが、前途有望な職員が自らその命を絶つということはなんとも痛ましく残念なことである。悩みを打ち明けられる人や相談にのってくれる人が近くにいたら多少はそういうことは防げたかもしれない。あるいはそういう人が近くにいてもそのチャンスがなかったのかもしれない。最近では、多くの企業や役所でカウンセリングの制度ができあがっている。心の病気については、その充実と活用が望まれる。

わが国では多くの企業や役人のなかに、かつて同じ部署で仕事をした人の集まりであるOB会や、故郷を同じくする人々の県人会といったインフォーマルな組織がある。この種の会合は、企業や役人にとっては、それが徒党を組んでいたずらにその利益を追求するなどということがない限り好ましいものであり、心のケアを要する人に対するセーフティ・ネットとして機能するというメリットがある。

筆者が課長補佐の時代、入省1年目の新人から、入省後初めてその局に配属された者だけの会合をつくってくれないかとの要望を受けた。なんでもそのようないわゆる「縦の会」は、他の局にはあるが、同局にはなく、寂しいというのである。考えた末、ちょうど先のような不幸なことが続いていたこともあって、同じ局に当初配属され、新入生として同様な経験をした先輩と後輩の会合をつくるのは、セーフティ・ネットをつくることでもあり良いことだと思われた。そこで、その第1回目の会合で、筆者はこの新しいグループの最も年次の高い者として次のような趣旨のことを述べた。

「この会は特定の目的を遂げようとするためのものではないし、いわんやこのグループのメンバーであるからといってなんらのえこひいきをするものでもない。唯一の目的は先輩、後輩、あるいは同輩が仲良くなって困ったときの相談をしやすいようにすることである。この会合では目上の者に気を遣ったりする必要はまったくない。なお、最長老たる者は年が経てば順次この会から卒業することとしたい」と。

この会合は毎年1回定期的に開かれ、おおむねその趣旨に沿って運営された。筆者もこの会合の場で年次の離れた若いメンバーからうまくいかない外国留学についての相談を受けたことがある。定められた開始時間が来ると、たとえ先輩が到着していなくとも自由に会がスタートするというこの集まりは随分長い間続き、それなりの効用を果たしたようである。

「厳しい上司」への対応

数は少ないが、役人は時としてきわめて厳しい上司との関係で精神的に大きなダメージを受けることがある。そのプロセスは比較的簡単である。役所では、きわめて限られた時間と人数の下で次々に生じる仕事を処理しなければならない。そのため誤解を恐れずに言えば、その個々の処理が完璧であるということはありえない。部下である本人自身もいろいろと細かい点では不十分だと知りつつも次の仕事にとりかからなければならない。したがって、その上司が特に几帳面な人であったり、そうではなくとも細かいことが気になる人であれば、部下の仕事の欠点を指摘することは比較的簡単である。頭脳明晰である上司にとっては、なおさらである。「ここがおかしいではないか」と言われれば、もともと本人もそこに気がついているわけなので、「ハイ、そうですネ」ということになる。自責の念にかられて思い悩んだり、無理をしてなんとか処理をしようとしてそれがうまくいかず、心のバランスを崩すことになるのである。こういうことを防ぐには何よりもまず上司がその対応ぶりを変えなければならない。だが、すべての上司にそれを期待することはできまい。

私見によれば、格段に厳しい態度をとる傾向のある上司にはいくつかのタイプがある。1つのタイプは、「こういうこともできないのか」と部下を厳しく叱咤激励しているようでも、よくよく聞けば、それは自分自身がそういうことができないことに対する不満やいら立ちの表現であるというタイプである。この場合には批判の矛先は部下に向けられているのではなく実は本人自身に向けられているので、部下としてはただそういうものとして聞いておけば良い。

時として上司自身の仕事に対する自信のなさや不安が、部下に対する異常な厳しさの原因となっていることがある。自らの仕事がうまくいくだろうかと心配になって部下に不必要に詳細なことを要求したり、不十分なところを見つけては次々と宿題を出すタイプである。先に述べたように役所の仕事について、特に細かな資料作成のプロセスのなかで、不十分な点を指摘することは、頭の良い人にとってはいとも簡単である。このタイプの場合、その仕事の性質にもよるが、部下として自分の実力でその仕事を処理しうると思えば、上司に「これは私がやります。課長にはしかるべき時点で動いてもらいますがそれまでは黙ってみていて下さい。ご心配なく」と対応することである。そういって安心してもらい自ら上司の仕事をやってしまうのである。

対応がむずかしいのは、上司が自ら文字通り寝食を忘れて仕事に没頭するタイプの場合である。役人のなかには、役人仲間での常識でも考えられないほど我を忘れて仕事をする人がいる。こういうタイプの人は、結局早逝することが多いし、現職のまま死亡することもある。法制局における法律案の審査をなんとか原案通り通してもらいたいと、雪の日に早朝に出勤して同局の幹部を玄関で待ち続けたとか、相手の要求があれば、夜中の2時でも3時でもその役人のところに赴いたとかなどの話は枚挙にいとまがない。

こういうタイプの人が部下に厳しく接するのは、多くの場合、「自分がこれほどまでに身を削って仕事に専念しているのに部下はどうしてこの程度の努力しかしないのであろうか」という思いからである。自分と同等の熱意をもって事にあたれということである。こういういわば超猛烈上司への対応はむずかしい。本人と同じペースで仕事をすることができればそれで良い。そうでない場合は、せめてそういう思いで上司がいるということを理解して仕事をすることが大切である。

仕事を要領良く

心の病の多くが、仕事が忙しいことや睡眠時間の不足に由来していることから、要領良く仕事をすることは心の病気を防ぐために大切である。ただ、ここにいう「要領良く」とは手を抜くとか、仕事のうわべだけをなでるということではない。効率的に仕事をせよということであり、無駄な仕事をしないということである。

たとえば、自分の所掌する事項について、上司や同僚より早く、深く勉強することは仕事を効率的にすることに役立つ。役人の人事異動は通常6月か7月である。税制、財政投融資、予算など、いわゆる予算編成に関連する事項の本格的な折衝が始まるのは9月以降であるが、新しいポストに就いた場合には7、8月の夏休み中に自分の新たに担当となったところの勉強をしっかりやっておくのである。できれば、その年の折衝でテーマになりそうな事項（たとえば昔の話でいえば財政投融資計画について、日本航空に政府保証債の発行を認めるかどうか、また、数年後の電電公社の資金不足にどう準備しておくか、民間資金をどう活用するか）についてよく勉強して、解決策についておおよそのメドをつけておくことである。そうすれば、その後、その局全体で進められる作業のなかでイニシアティブをとることができるし無駄な試行錯誤を繰り返さなくてよいことになる。

第6章　世界の役人たち

1　世界の役人道

国により異なる役人の機能

長い役人生活のなかで、筆者は外国の公務員と接する機会が多かった。若いうちは上司の手伝いという間接的な形で、終わりのほうでは自ら国際的な交渉の責任者という立場で、彼らと接することとなった。その中間の時代は、大臣の通訳という立場や、G5、G7といった国際会議の場に大臣や財務官のお供の立場で、役所のトップの国際交渉を目撃したり補助したりした。その結果、入省直後の留学時代も含め、全体としてはずいぶん長い間、外国の人と接することになった。

それらは、外国の行政の仕組みや公務員制度がどのようになっているか、それが国によってどう違うかについて知る機会ともなった。のみならず、それらが各国の制度のなかでどのように機能しているかを知ることができた。一般的に、その国の静的な制度については書物によって知ることができるが、その国のなかで、公務員や公務員制度がどのような機能を果たしているかについては、書物を通じてはなかなか知ることができない。いずれの国においても、建前と本音とは多少は異なるものであり、この本音の部分は、具体的な個々人との接触などを通じて初めて知りうるのである。

この章で「世界の役人たち」をとり上げる理由の1つは、主要国の公務員制度がどうなっているか、また、それが現実にどのような機能を果たしているかを紹介するためである。

第2の理由は、各国の公務員の間に、国境を越えた世界共通の「役人道」があるということにかかわるものである。筆者は、各種の国際交渉や個々の具体的な接触を通じて、世界の役人の間に役人としての一体感があると思うようになった。この一体感は、個々人が有しているその専門的な知識に対する尊敬、問題解決へむけた献身、信頼に値する人格、共通の公益の実現、といった構成要素から成っている。

そして、各国とも、公務員への批判の増大、世俗的価値の重視、従順な公務員の性格、さまざまな社会環境の変化のなかで、公務員および公務員制度について共通の問題を抱えているように思う。

これらの実態について明らかにしたいというのが第2の理由である。

第3の理由は、わが国で現在進行中の公務員制度や各種の行政制度改革の参考にもなればという思いである。改革のなかで、よく外国の制度がどうなっているかが引き合いに出され、それを「手本」にしてわが国の改革を進めようとする傾向がある。特に、このところ結びつきの深い米国のそれを紹介して、そういうふうに改めるべきだとの主張が多い。

ところが、各国はそれぞれ異なった制度を持っており、公務員はそれぞれの国内において異なった機能を果たしている。その国における行政に期待されている役割も国によって異なる。したがって公務員制度のあり方も、その国の政治のあり方や社会の実態を踏まえて、あるいはそれらとともに論じられるべきだろう。この第3点は、大学時代、行政法（雄川一郎教授および塩野宏助教授）と英米法（田中英夫教授）のセミナーのメンバーであった筆者にとっては、格別に興味深いものであった。

いずれにしろ、この章は、他の章とは異なった性質を持つ。筆者個人の限られた経験や限られた知識に基づき、必ずしも確信を持てないところもあえて記述することにした。誇張して言えば、「独断と偏見」に基づく章である。寛大な心でお読みいただければと思う。

「わが国際歴」

1966年に大蔵省に入省した筆者は、国際金融局の国際機構課に配属された。19年後にその課長となることになるこの課は、IMF、OECD、それに10か国蔵相会議などを担当していた。

1967年から69年は奨学金を得て英国のオックスフォード大学の大学院で経済学を学んだ。当時同大学の経済学部には、教授陣としてサー・ジョン・ヒックス、R・C・O・マシューズ、マックス・コーデン、マーリーズ、MITからの客員としてロバート・ソローなどがいた（このうち3名はその後ノーベル経済学賞を授与された）。

この2年間、筆者は、セント・アントニイズ・カレッジという大学院生専用のカレッジ（学寮）で生活をした。学生の数は60名足らずの小さなカレッジであったが、このとき起居を共にした者のなかに、後にインド大蔵省の次官をつとめることとなるモンテク・シン・アルワリヤ、タイ外務省で官房長、駐仏大使、駐米大使をつとめることとなるテシ・ブンナガ、ポルトガルで大臣職をつとめ西欧連合事務局長をつとめることとなるジョセ・クティレイロがいた。大部分の友人は、たとえば『大国の興亡』を著したイエール大学のポール・ケネディ教授のように学者になった。

72年から74年までは主税局に勤務したが、先に述べたように72年11月から翌年5月初めまでは英国に、その付加価値税導入の調査のため長期出張をした。

1979年から82年にかけて、国際金融局の課長補佐をつとめた。そのうち80年から82年までは、大蔵省代表として、BIS（国際決済銀行）の銀行監督規制委員会（いわゆるバーゼル委員会）に出席した。

1983年に財務官室長となった。以降97年まで大場、行天、内海、千野、中平、加藤と歴代の財務官に何らかの形で仕えることになった。財務官室長としては、84年6月に完結した日米円ドル委員会の事務局の仕事をした。同委員会の米側チームは、スプリンケル次官、マルフォード局長、ダラーラ審議官といった布陣であった。同年2月にはそのハイライトともいうべき竹下大蔵大臣と米国のリーガン財務長官の1時間半にわたる激論の通訳をした。

85年に国際機構課長となり86年の東京サミットを担当し、その後86年から88年までは副財務官（この間のG5およびG7のすべてに通訳として出席）、89年までの為替資金課長、94年から95年までの国際金融局次長といったポストでは、ほぼ似たような仕事に従事した。この間、およびそれ以降を含めて米国財務省との接触は多く、結局、スプリンケル、マルフォード、サマーズ（後に財務長官）、シェーファー、リプトン、ガイトナーといった歴代次官とは何らかの形で接触することになった。

90年から92年までは海外経済協力基金に出向し、世界銀行と「東アジアの奇跡」について議論をした。

92年から94年の国際金融局審議官の時代は多国間および2国間の途上国援助を担当し、世界銀行、アジア開発銀行、米州開銀、アフリカ開発銀行などの増資交渉や、カンボジア、ヴェトナム、モンゴルなどの援助国会合に出席した。米国財務省のスーザン・レヴィン、英国開発庁のハドソン、独大蔵省のG・ベーマー、伊大蔵省のザッコ、スイス大蔵省のマイヤー、仏のオボレンスキー、ドマジュエールといったおおむね審議官クラスとはいつも顔をあわせていた。いつも同じメンバーであることから、話題は、仕事のほか、各国の公務員制度の現状、家族のこと、それぞれの趣味にも及んだ。ワーキング・ディナー、ワーキング・ランチも多かったことから当然であろう。

95年から97年の関税局長時代には、WCO（世界税関機構）、ASEM（アジア・ヨーロッパ関税局長・長官会議）などに出席し、イギリス、アメリカ、オーストリア、フランス、ドイツ、韓国、インドネシア、シンガポール、オーストラリアの局長、長官であるストラッカン、ワイス、シェヴァイツグート、ドゥアメル、クナウス、キム、スハルジョ、コー、ウッドワードらの各氏と親しくなった。

97年から2000年の国土庁の時代には韓国の交通建設部と中国の水資源部の幹部と接触する機会があった。それまでの国際金融中心の仕事とは多少異なり、両国のいわば国内派同士の会合であり、それなりの趣があった。

役人時代を通じて、IMF、OECD、アジア開銀、米州開発銀行といった国際機関との接触も多かった。

いわゆる国際派が手薄であったためであろう、筆者は時折大蔵大臣の英語の通訳をつとめた。古くは福田赳夫大臣、次いで大平正芳大臣であるが、最も多くの通訳をつとめたのは竹下登大臣である。福田大臣はかつてロンドン駐在のご経験があり、要注意であった。大平大臣は発言が抽象的なことが多く、それに加えてキリスト教の故事が話に出てくるので通訳には苦労をした。竹下大臣の発言は行き届いた明瞭かつ論理的なもので通訳者としては楽であった。その外国人との面会に立ち会った大臣としては、上記のほか、宮沢喜一、橋本龍太郎、羽田孜、林義郎、藤井裕久、武村正義、久保亘、三塚博の各氏がいる。このうち、宮沢大臣には、最も多くその海外出張のお供をした。また、歴代総理大臣の中では、中曽根康弘、竹下登、村山富市、橋本龍太郎の各氏の外国出張に随行させていただいた。

以上のように自ら諸外国の役人と直接交渉したり、国際会議の議長をしたり、上司の面会に陪席したり、通訳をしたりすることを通じて、外国のいろいろなことを知るようになったのである。

2 各国の公務員制度とその機能

二重構造の米国

わが国の若い公務員でかつて米国の大学院に留学した際、米国の学生に「自分は日本の公務員だ」と胸を張ったところ、少しも尊敬を集めなかったので「公務員とはそんなものか」とがっかりして政治家に転じたという話がある。

「尊敬を集める」ことがどういうことかはっきりしないが、米国の公務員制度は、世界の多くの国とは異なる独特のものである。何事によらずその仕組み、現実の運用およびその果たしている社会的機能をよく理解しないと判断を誤る。

米国の公務員制度の大きな特色はそれが二重構造になっているということである。まず次官補代理（日本で言えば局長のすぐ下である次長や審議官）クラス以上は、いわゆる政治的任用制度の下にある。この「高級官僚」クラスの者は、原則として、政権が交代すると（厳密に言えば、大統領が民主党から共和党に代わるというふうに政権政党が交代すると）、それにあわせて交代する。こういうポストにいる人々は、政策を担当するものとされている。これらのポストは大統領と政策について同じ考えを持つ人々によって占められるべしという考え方である。

経歴についてみれば若い頃からずっと公務員であった人はむしろ稀《まれ》であり、学者、弁護士、銀行家、州の官僚、大統領の選挙に功労のあった民間人などさまざまである。かつて英国などの有力な国の大使に大統領の支援者であった実業家が任命されたことがあるし、証券会社の社長だった人がいきなり財務長官に任命され、任期が終了したら元の証券界に戻ったという事例もある。これらの高級官僚への任命については、新しい大統領を選出するに際して当人がどの程度貢献したかもポストによっては考慮されるようである。

このいわゆる「高級官僚」については、正式にその職に就くためには大統領の任命だけでは不十分で、上院での承認が必要である。その承認を受けるためには候補者は議会の聴聞を受けるのが通常であり、国会議員からいろいろと質問が発せられる。したがって、大臣である長官を含めて、「高級官僚」の候補者を決めるに際しては、その任命について議会の承認が得られるだろうかということも1つの基準となっている。過去にスキャンダルがある人物とか、国にとってセンシティブな項目について特異な意見を持っている人は、たとえ能力的にそのポストの所掌事務の専門家であっても排除されることがある。

「高級官僚」がこういうものである以上、日本やヨーロッパの多くの国のいわゆる高級官僚とはいくつかの点で異なっている。なによりもこの人たちは、われわれのいう恒久公務員あるいは職業としての公務員ではない。一時的に局長や審議官のポストに就任はするものの、政権が交代したら、そうでなくとも何らかの都合で、そのポストを去ることになる。そして、公務員時代の経験を生かして、金融界の給与の高い職に就いたり、大学の総長や学部長になったり、世界銀行などの国際機関の要職に就くことが多い。米国では高級官僚になることは「回転扉」に入ることだと言われることがある。それはこのように、1つの職業から他の職業に移る過程として一時的に公務員になることが多いからである。最初に紹介した話に戻れば、こういうシステムの下では、「高級官僚」になること、すなわち回転扉に入ることがあまり尊敬を集めないであろうことは当然であろう。

こういうシステムは公務員の世界に、実業界、学界など公務員以外の者の斬新なアイデアを持ち込み、大統領の実施しようとする政策を強力に実施しうるという大きなメリットがある。過去におけるしがらみがないので、新しい政策を果敢に実行しうるというメリットもある。また、後に述べるように官と民との距離をきわめて近いものとしている。

他方、どうかと思われる点も少なくない。その人次第でもあるが、国益のためとか、世界にどう貢献するかということよりも、自分の在任期間中にどうやって目につく成果を挙げるかに努力する人もいる。いわゆるキャリア・メイクの一環として高級公務員をつとめるからである。

これも当人次第であるが、前の政権時代にその前任者が約束したことや、場合によっては同一政権の前任者が約束したことを、それは自分には関係ないと顧みないことがある。こういう傾向は、国と国とが交渉をする際に大変困ったことを引き起こす。かつて国際金融交渉の場で、米国には institutional memory がない（組織としての記録が保存されていない）と批判されたのは有名な話である。

また、公務員として教育されていないので当然かもしれないが、正確な文章を書くこと、バランスのとれたものの見方をすること、公務員としての信義の維持、といった観点からいかがかと思われる高級官僚も散見される。

「高級官僚」についての政治的任用制度は、行政と民間との距離をきわめて短いものとしている。民間人が臨時に公務員となり、その経験を踏まえて行政を行ない、その行政の内情を知った後に、もとの民間の業種に帰っていくことがあるという意味で、むしろ行政と民間とが一体化しているとも言えるのである。行政を行なう上で民間の実態を知ることが必須であるという観点からすればこの制度は理想的と言えよう。たとえば、役人として日米間の交渉でわが国との通商交渉の責任者であった人が、その「回転扉」を利用して、米国のフィルム会社の日本法人の役員になったり、証券会社の社長だった人が財務長官に就任し、任期が終わると元の会社に戻るということがある。財務省のいわゆる「高級官僚」も離職後、ただちに銀行や証券会社に入る者が多い。わが国においては近年公務員の不祥事を契機として強い倫理規定が導入され、公務員と民間との距離が遠くなっているのと好対照である。これとあわせて彼我の行政の質の較差《こうさ》の拡大につながらないかと心配される点である。

「高級官僚」と政治との関係は当然のことながら密接である。その任命自体が政治的なものであることは言うまでもない。公務員は、議会との関係では、要所要所で政策の説明のための公式の聴聞会に出席している。その他、法律や特定の項目について行政府の行なおうとする政策についての支持を得るため、個人としての国会議員に対する、いわゆる「根回し」にこれらの高級公務員が走りまわることもある。この点は、たとえば職業人としての公務員が個々の政治家にこれらの目的のために動くことを認めない英国とは大きな違いである（英国においては、後述の通りそのような役割は、副大臣や政務官といった政治家の仕事とされている）。

プロフェッショナルとしての中堅公務員

米国の場合、大雑把にいって課長以下の国家公務員は長期にわたって公務員であることを選んだ人々である。このプロフェッショナルとしての公務員の人々は、政権が交代しても役所を去ることはない。これらの人々はそれぞれの道の専門家であり、役人としての基本的な訓練を受けた人々である。さまざまな意味でこのクラスの人々は、日本やヨーロッパでいう公務員の特性を備えているといえよう。

このクラスの人々は、たとえば、外国為替市場を担当している人は長年外国為替市場に関する仕事やそれに関連する仕事に従事してきている。したがって、たとえば外国為替の仕組み、その市場の特性、マーケット参加者の実態などをよく知っている。「高級官僚」であるその上司の言っている趣旨がよくわからないときなど（なにしろまったくの門外漢がそういうポストに座ることもあるのでこれは珍しいことではない）、この専門家クラスと直接話をすることにより疑問点が氷解することがある。

「高級官僚」とこの専門家クラスとの関係は、米国の公務員制度の解説書などを読んでも理解し難いであろう。高級官僚はある事柄を知りたいと思うとき、あるいは特定の政策を立案しようとするときには、その部下である専門家に宿題を出す。その宿題の出し方は、たとえばわが国の役所の場合よりは、はるかに厳密であるようである。いわゆる、terms of reference がしっかりしているのである。

わが国や多くのヨーロッパの諸国の場合には、たとえば「現在の税収構造の下で、直接税の税収を増やすためにはどの税目を増税すべきかについて検討してくれ」というような抽象的な宿題が部下に出されることは不思議ではない。ところが、米国の場合には、多少の推測を交えて言えば、こういう宿題はありえないのではなかろうか。近年の税収構造の変化はどうなっているか、所得税率を３％引き上げれば増収額はいくらか、というような形で示されるのではないかと思われる。そして、具体的にどうすべきかという「判断」にかかわる問題についてはもっぱら「高級官僚」の仕事となっているように思われる。いわばそういう「政治的な」ことについては専門家クラスは口出しをしないということのようである。

また、この両者の関係は時として微妙である。米国との交渉においては、交渉事項のなかの特定の項目について、その決定権限が「高級官僚」にあるのか専門家にあるのかを見極めるのは大切である。そのどちらであるかによって、先方の興味の持ち方や発想法が異なることがあるからである。

このような職業としての公務員となった人々は、派手さはないもののきわめて堅実であり、「高級官僚」とは違った意味で国を支えているという印象である。思想堅固、信義誠実の傾向がみられ、外国の公務員からみるといろいろな意味で役人としての一体感を共有しうる存在と言える。

そういう意味で、米国の場合、「尊敬される公務員」は、むしろこのクラスの人々と言えるかもしれない。

議会と政府との間の緊張感

米国では、立法府である議会と行政府である大統領府との間に、他の主要国にみられない緊張感がある。これは誰が大統領であっても、どの党が議会の多数党であっても、また仮に大統領の所属する政党と議会の多数党が同一政党であっても常に存在する、いわば「制度的緊張感」とでもいうべきものである。おそらくは一定の権限しか政府には付与しないという建国時の思想の反映であると思われるこの両者の関係は、同国の公務員制度や公務員の行動様式などさまざまな方面に影響を与えている。

米国以外の公務員にとってとまどうのは、米国では政府の行なった約束が国の約束として実行される確率がその他の国に比べて低いらしいということである。米国大統領ウッドロウ・ウィルソンの提唱によって設立された国際連盟に米国が加盟しなかったのはあまりにも有名な事例である。近年においても、政府が同意したことが、議会との関係で国の約束として果たされなかったことは少なくない。

こういうことが繰り返されたことが、カナダが米国との間でお互いにまったく関税を課さないという自由貿易協定を締結するにいたった背景にあるといわれている。

こういうこともあってであろう、米国の公務員にとっては、ヨーロッパや議院内閣制の下にある日本における与党の決定の重要性が理解しづらいようである。たとえば、わが国の与党の決定を示して、政府はこういう政策をするつもりだといっても彼らは信用しないのである。時の政権政党とはいっても党の決定は党のものであり、それは議会の決定に反映されるに過ぎない、議会とは別物である政府が同じ決定をする保証はどこにもない、というのがその論理であろう。

こういう緊張感については、米国以外の国の公務員はよく承知しておく必要がある。

議院内閣制下の英国

英国の公務員制度は、米国のそれと好対照をなしている。米国は大統領制であり、立法権を有する議会と行政府とはお互いに独立したものとなっており、立法府はどちらかというと行政府をチェックするものとなっている。これは、米国は元来、ヨーロッパ諸国の制度を嫌って渡って来た人々から成り立っており、政府には議会が与えた権限しか認めないという国の成立過程も反映したものであろう。これに対し英国の場合には議会における多数党が政権に就くこととなるので、立法府と行政府とは基本的にその意見を一にすることとなる。すなわち、英国では立法府と行政府とは相対立する関係となることが少ないのである。

米国の場合に、公務員（いわゆる高級官僚）と政治との結びつきがきわめて強いのに対し、英国の場合には公務員全体が政治とは離れた存在となっている。公務員制度は、時の政権政党がどの党であろうと、その党の政策を忠実に実行するものとして組み立てられており、現実にもそのように機能しているようである。それぞれの公務員がどの政党を支持するか、あるいはどの政党の党員であるかについて明らかにするということはないし、それがわかるようなものでもない（米国の場合、たとえば共和党の政権下で高級官僚に任命される人物は明らかに共和党系の人物ということになる)。

公務員が政策遂行の過程で特定の政党の特定の個人と接触することは禁じられている。いわゆる公務員の倫理規定についても民間との接触について公務員なるがゆえの格別の規制はないが、政治家との接触については厳格なものがある。このように公務員が政治的に中立であること、また、公務員制度全体が、時の政権党が保守党であろうと労働党であろうと、その党の施策を忠実に実施することを強く求めているのが英国の公務員制度の1つの特色である。したがって人事についても、どの党が政権につくか、誰が総理大臣になるかによって、左右されることはなく、公務員の人事はもっぱら事務方の案どおりに決定されている。

公務員について、米国のように政治的任用の対象となる高級官僚とそれ以外の公務員といった区別はない。経済顧問や法律顧問といった特殊なポストは別として、原則としてすべてのポストは職業人としての公務員によって占められるというのが伝統的なあり方である。ただ、このところ中途採用の公務員も増えてきており、中途退職者も目立つなど多少の流動化がみられる。とはいえ、公務員が全体としていわゆる職業としての公務員の伝統的な特性を備えていることには変わりはない。

中立的職業集団

英国では、公務員制度は国の根幹と位置づけられており、そのため公務員としての適性を持っているかどうか、必要な資質をどうやって保持させるかについてさまざまな工夫がされている。公務員となるためには、まず公務員試験に合格しなければならないし、採用に際しては役所の面接試験に合格しなければならない。その際、専門についての知識もさることながら、人間としてバランスがとれているか、常識があるか、論理的思考ができるか、といった点に重点が置かれているようである。

行政の対象とされる事務の拡大や、民間の事業の複雑化に伴い、たとえば民間の経済活動の実態といった役所の外の動きを熟知することが行政にとって重要なものとなってきている。先に述べたように米国では、この民間と行政との対話は、高級官僚が民間との往来を繰り返すことで確保されている。英国の場合、たとえば税制改正が検討される際に、政府が業界の代表と細かく意見の交換をするというふうに、官と民との意思疎通は、業界との公式の会合が主体となっているようである。

非公式の場でどのようなことが行なわれているかは判然としない。だが、同国の場合、オックスフォード大学やケンブリッジ大学の卒業生の間の親密感は格別のものがあり、各界のトップたちが私的な場で意見交換をしているであろうことは容易に想像しうる。ちなみに、この両校は、一種の姉妹校であり、その卒業生からなる、オックスフォード・アンド・ケンブリッジ・ソサイエティはさまざまな機能を果たしている。また、各地や各界に一種独特の「クラブ」があるが、情報の交換はこれらのクラブで食事を共にしながら行なわれているといわれる。

英国における人事のローテーションの実態はわが国のそれに似ている。通常2、3年ごとにそのポストを変わり、その異動先も同じ省内のさまざまな局にわたるようである。また、自己の採用された省庁以外の役所に出向という形で勤務することも多い。このため、たとえば、英国の大蔵省の公務員の場合、当人が現在所属していない局の仕事や、大蔵省以外の仕事についても広く通じていることが多い。

政治主導の実態

英国の役人と接して感じられることの1つは、政と官との役割の分担が明確になっていることである。役人は、後で述べるように、わが国の場合のように国会や政党との関係の仕事をする必要がない。より正確に言えば、これらは政治家の仕事であり、そういうことを公務員が行なってはならないのである。

たとえば、法案の国会審議に関しては、答弁をするのは、大臣、副大臣といった政治家である。局長や審議官といった公務員は通常の場合には国会には出向かない。答弁は大臣以下の政治家である政府委員がメモを見ながら行なう。それでも、詳細なことを聞かれた場合に備えて、国会議員の席とは仕切られた席にその法案を担当する課長が座っている。もしも細かい質問が出されて大臣が答弁に窮した場合には、この課長が急遽《きゅうきょ》メモを差し出すと、これを与党の若手の国会議員が受け取り大臣のところに持っていくという仕掛けである。

どういう質問をするかを事前に聞くいわゆる「質問とり」は行なわれない。というのも、国会で大臣に口頭で答弁してもらうためには質問者は、その質問日の3週間前までに質問事項を大臣あてに文書で届けなければならないからである。わが国の場合には、国会での質問はその前日の夕方頃判明するのが通常である。それも役人が聞きにいってようやく教えてもらえるのが実情である。

ただ、英国の場合でも突発事項への質問についてはこのルールは適用されないようである。3週間前以降に届けられた質問については、文書による回答が大臣名で出されるが、これでは国民の注目を集めることが少ない。文書による回答がなされるのは、どちらかというと個別の陳情に類似する質問のようである。

ただし、公務員が国会でまったく答弁しないわけではない。たとえば、法案の審議の際の第一読会や第二読会（わが国でいえば委員会審議の前半ということか）の際に、「証人」としての発言が求められることがある。これは、法案審議の参考にするため、現実にどのような行政が行なわれているかについて質問に応じて説明をしたり、求めに応じて関連事項について個人的意見を述べたりするものである。

したがってわが国の場合のように野党から公務員が詰問されたり叱責を受けたりすることはない。またその法案がいかに適切であるか、議会の場で公務員が説得をするわけでもない。これらはすべて、政治家であり政府の幹部である大臣や副大臣の仕事である。

政策の決定過程における党との折衝もすべて大臣などの政治家の仕事である。というよりも、英国の仕組み上そういうことはさして重要ではない。それというのも、首相は常にその党の党首であり、名実ともに党内のナンバーワンだからである。また、各省大臣はその党が野党であった時代の「陰の大臣」が正式の大臣になるという原則の下では、党内ではその所掌事項についてのエキスパートだからである。の みならず国会議員のなかで大臣に就任しうるのは格別の実力者であり、しかもこの実力者は、たとえば通産大臣、外務大臣、大蔵大臣というふうに複数の大臣を次々と経験してゆくのである。党内の格別の実力者であり、かつ、その道の専門家が政府のなかにいるということであれば、内閣の行なおうとする政策が党のそれと異なるということは考えにくい。

省によって意見が異なる場合の調整も政治家主導のようである。政策マターについてA省とB省との意見が異なる場合、その調整は両省の大臣や副大臣の仕事である。技術的事項については両省の役人同士で調整する。

これらは、法案についての野党への説明も、国会答弁も、各省調整も、そして時により与党内の調整も公務員が行なってきた感のあるわが国のこれまでのやり方とはきわめて対照的である。

成熟した政と官との関係

興味深いのはこういう仕組みの下で、政権政党が交代した場合にどうやって政策の整合性がとれるのだろうか、新しい政府がなぜこれまでと異なった政策を格別の混乱もなく実施しうるのであろうか、ということである。

本件についてはいろいろのことが言われている。その1つは、選挙の前に、役所の幹部（役人）が、その所掌事務のうち主要事項について、2大政党のうちの野党にその現状と問題点を説明するというものである。もしそうであれば、新たに政権をとる可能性がある野党の新しい政策も、これまでの与党の政策と整合性のとれたものが出てくることになろう。

また、役所によっては、選挙のキャンペーンが始まり、野党が勝ちそうだとなると、省内に新政権対応のためのチームをつくるといわれている。このチームは、野党の主張を分析してその線に沿った具体的な案をいくつか準備し、そのメリットおよびデメリットを検討しておくという。そして実際に野党が勝って「具体策は何か」と問われた場合には、こうして準備をしていたペーパーを素早く差し出すのである。

かつて英国でベストセラーとなったものに“Yes Minister”（意訳すれば「承知しました大臣！　しかし……」とでもいうことになろう）というユーモラスな本がある。これはハッカーなる国会議員が、その属する政党が選挙に勝った結果、初めて大臣となり、その省の役人たちと繰り広げるミスマッチを面白おかしくえがいたものである。当初は役所のなかの慣行にとまどい、いろいろと失敗をしたり、役人との間で摩擦を起こすが、時とともに事務方との呼吸も覚え、役人の操縦法をマスターして、難問をこなしていく。その結果、幸運にも恵まれて、ついには首相に就任するのである。その首相在任中の事績については、続編である“Yes Prime Minister”「承知しました総理！　しかし……」に述べられている。この話はテレビドラマにもなり、それは当時のサッチャー首相のお好みの番組であったといわれている。

政と官とのドタバタを述べた物語がユーモア小説のテーマとなるところは、英国人の気質にもよろうが、同国における政と官との関係がそれほどに成熟したものであることを示しているとも言えよう。

「エリート」のフランス官僚

フランスの役人の質の良さについては世界的に定評がある。第3章で紹介した英国の公務員制度改革の青写真を書いた「フルトン・レポート」は、フランスの公務員について次のように述べている。

われわれは、(フランスの官庁で) 重要で中枢的な職務にたずさわる人たちの質の良さにたいへん印象づけられ、この人たちは明晰であり、専門家であり、しかも自己の仕事については誰よりも自分がよく知っているのだという確信に裏づけられて重責を果たしているところからくる自信にあふれていた。

この質の良さは、選抜と訓練によるところがきわめて大であるが、他方で、高級公務員になることが、公私両面にわたって、「最高のフランス人」になることに通じるからであるとする見方がある。

フランスの公務員制度の特色は、その徹底した「エリート中心主義」である。伝統的にフランスの公務員には2種類のエリート群がある。その1つは、国立行政学院 (通常ENAと略される) の出身者であり、他は理工科大学の出身者である。前者はいわゆる事務畑、後者はいわゆる技術畑である。

これらの大学を優秀な成績で卒業し、国家公務員の資格試験に優秀な成績で合格した者の扱いは格別である。彼らは若くして責任のある枢要なポストに就き、むずかしい事務を任される。このエリートの人事異動の範囲はきわめて幅広く、異なった省のポストを渡り歩いたり、内閣府に行ったり、地方公共団体に出向したり、公社公団の幹部として派遣されたりする。

このエリートたちは、どこのポストにいてもその間の結びつきがきわめて強く、必要な情報はそのネットワークを通じて直ちに関係部署に伝えられている。おそらく、政府内の意見の調整のかなりの部分がこういう非公式なルートで行なわれているのではないかと思われる。

ただ、人事は、こういう格別のエリートではなくとも、役人として有能であれば有力局長に就任し、さらに上位のポストに就くというふうに運営されているし、一般的に過去のしきたりは弾力化されつつある。

国家戦略の中枢

政治との関係でみると、フランスの公務員制度はいわゆる官僚機構として厳として存在しており、政治的に中立であるように組み立てられている。多少の憶測を加えて述べれば、この官僚機構は単なる政策の実施のための組織ではなく、望ましい政策を見出すためのシンクタンクの機能を備えている。したがって、政党との関係でも、たとえば英国のような政治が政策を決定し、官がこれを執行するという関係のほかに、官が政治に知恵を提供するという側面があるように思われる。

大統領、首相といった政治家と、大統領府や各省の次官、局長といった高級官僚との関係は、上位、下位というよりは仲間同志としての色彩が濃いように見受けられる。制度的にはともかく、機能という点からみれば、政治と官僚とは広い意味でのフランスの統治機構を形づくっているといえよう。

公務員の人事のローテーションは2年程度と比較的短いようであるが、にもかかわらずその所掌分野については専門家であることが多い。これは、その人事異動先が、仕事の上で相互に関連深いものであることにもよるのであろう。フランスの大蔵省の役人は、自分がその担当でなくとも、同省の所掌する仕事や国の経済政策全般にわたってそれなりの議論ができるというのが1つの特色である。

公務員の人事については、時としてたとえば新しい大統領が、その推進する政策について考えを同じくする昔からの知人である公務員を大統領府に引き抜くといったことはある。だが一般的に人事についての政治の影響は少ないようである。

フランスの公務員制度は素材的に優れた人物で大学などの成績がきわめて優秀な者を公務員として取り込み、若いうちに責任あるポストにつけてオン・ザ・ジョブ・トレーニングを行ない、これを育てていくことになっている。そのエリート官僚の昇進のスピードはきわめて早く、30代半ばで審議官クラス、40代半ばで局長クラス、50歳そこそこで次官クラスとなる（ちなみに、ある国際交渉で審議官であった筆者がわが国代表として相対峙したフランスの担当審議官は30代半ばであったが、彼と同じ時期にクラスメートとして同国のＥＮＡで学んだわが大蔵省の部下は、当時課長補佐であった）。若い上司の下で年長の職員が働くことはなんら異常なこととはされていない。わが国において若くして税務署長に就くことが批判されたことと良い対照である。

堅固な独官僚制

ドイツの公務員制度については、自信をもって紹介できるものは多くない。ヨーロッパの主要国と同様、この国も、すべてのランクにおいてプロフェッショナルとしての公務員からなっているという意味で、恒久的公務員制度の下にある。この国の公務員制度の特色の1つは、同一人物が長くそのポストにあることである。

主税局長や主計局長といった枢要ポストに5年以上とどまっていることも珍しくない。課長クラスもその上のポストが空かない限りそのポストのままである。これらは、同国では人事交流が少ないこととも関係があろう。大蔵省、経済省といった役所をまたがる人事異動はもちろん、同じ省のなかでの各局間の人事交流も少ないようである。

このため、公務員は、自らの担当する事柄については実に細かいことまでよく知っている。見方によれば行政が硬直的になる傾向があるともいえる。また、国際会議においても当該テーマについての過去の経緯をよく知っており、時として「語り部」の役割を果たしてくれる。

仕事の分業体制がはっきりしているのもこの国の公務員制度の特色である。たとえば国際通貨問題を議論する際にも、中央銀行の所掌にかかる金融政策となると、ドイツ大蔵省はきわめて慎重である。発言を控えているし、やむを得ないときでも「ドイツ連邦銀行は、こう言っている」と紹介する程度である。また、同じ大蔵省内のことであっても、他の局の所掌事項についての意見の開陳には慎重である。われわれの感覚では他の省の事項について意見を求められているような反応である場合が多い。これは、同じヨーロッパ諸国であるフランスやイギリスとの大きな違いである。作文力や交渉力といった役人の主要資質についてはこれら両国と同様きわめて優れている。

政治と行政の関係についても格別記すべきことは多くない。公務員制度は、その時々の政権の政策を忠実に実行するものとして組み立てられており、日常の業務においても中立的に機能するようにできあがっている。

興味深いのは個々の公務員がその支持政党を公にしていることであり、また、誰それがどの党の党員であるということが仲間に知られていることである。そこで、たとえば、今度はCDU（キリスト教民主同盟）が政権を握ったので次期局長レースは同党党員の何某が多少有利になったのではないか、といった噂が流れたりする。逆に言えば政治の行政に対する影響はその程度のものであるということである。

尊敬に値する途上国の役人たち

途上国の公務員制度を一概に述べることはむずかしい。それは国により地域によりその実態が大きく異なるからである。近代的な公務員制度の国もあれば、いかがかと思う実態の国もある。ここでは、筆者の国際金融局や関税局での経験をもとに、主としてアジア諸国のそれを念頭において述べる。

その特色の1つは、公務員制度が国の大切な機構として位置づけられていることである。先進国に比して強い権限が与えられていることはもとより、公務員にきわめて優秀な人材が集められており、その人材育成のために格別の努力が払われている。高級官僚の候補生は若くして海外に留学し、そこで得た知識を行政に活用している（もっとも、その多くが留学する米国で、いわば市場万能主義とでも言う経済学を学び、これをそのまま採用しようとする傾向については注意が必要であろう）。

国によってはその国の発展のためには優秀な人材を公務員にとどめておくことが国益に合致することだと宣言し、それに沿った政策をとっているシンガポールのようなところもある。

これら途上国の公務員について目立つ点は、おしなべて長官、局長といった幹部の公務員が実に立派であるということであろう。それは単にその方面の知識に詳しいということだけではない。それは何よりも、その国の国益に沿うことは何か（これは比較的わかりやすい）、それを現実の具体的な国内政治状況（これがむずかしい）や、国際情勢のなかでどう実現するか（これが最もむずかしい）をよく考えているということである。

さらに印象づけられるのは、これらの幹部がおしなべて人間的に実に立派なことである。自分の任期中にどういうことを達成して目立とうかとか、出世するためにどうするか、といった一部の先進国にみられる発想はほとんどない。

その考え方、態度、肚《はら》の据わり方など、わが国の明治時代の指導者もこういうふうであったのではないかと感じ入ることがしばしばであった。

3　新しい流れ

低下する公務員の人気

公務員およびそれを取り巻く環境は、変わりつつある。特に先進諸国においてそうである。筆者は国際金融局の援助担当の審議官の時代に先進国のほぼ決まった仲間と定期的に交渉したが、その際たとえば食事を共にしながらの会話の多くは、各国の公務員制度に関するものであった。特に、筆者を含めてその多くは子供たちが大学生またはそれ以上の年齢であったことから、この子供たちが公務員をどう考えているか、公務員が人気のある職業であるか、が大きな話題であった。

そこでの結論は、各国において公務員の人気がいちじるしく落ちてきていること、そしてわれわれの子供たちが一人として公務員になることを希望しておらず、就職した子供が誰も公務員を選ばなかったということであった。わずかにドイツ大蔵省の経済協力局次長の子息が大学院を卒業して世界銀行に就職した例があっただけである。

その原因も各国共通であった。いずれの国においても役人の仕事がきわめて多忙であるにもかかわらず、待遇がそれに見合うものでないこと、各国でさまざまの理由により公務員への批判が強まっていること、子供たちの間に国家や公のために働くことに特別の生き甲斐を感じる傾向が少なくなっていること、子供たちがわれわれの世代に比して給与に敏感であること、というものであった。

その結果として、各国でかつてほど優秀な人材が役所に集まらなくなってきていること、それを受けて行政の質が落ちてきていることについても意見の一致をみたのである。そしてこれらはどうみても好ましいことではないということについても同意したのである。

国力の低下を招いた（?）英国の改革

筆者が公務員として働いた期間において、役人の待遇およびそのプレステージが大きく変化した国の1つは英国であろう。そしてそれは同国の公務員のモラルも大きく変化させたように思う。

筆者が英国に留学した頃、強く印象づけられたことの1つは、大臣がその省の役人を公の場において守るということであった。いずこの国もそうであるが、何万、何十万というメンバーを抱えた組織であれば、そのなかに失敗もあれば不祥事も発生する。当時の英国においては、そういう場合に、国会やマスコミから鋭い追及を受けた大臣は、その事自体には遺憾の意を示しつつも、それでも公務員は全体として職務を果たそうと真摯に努力しているのでその点は理解して欲しいという趣旨のことを述べたものであった。役人になりたての筆者は、こういう雰囲気があればこそ英国の公務員は後顧の憂いなく職務に専念できるのだと感じたものであった。

ところが、「小さな政府」あるいは「官から民へ」のスローガンが主張され、これらの政策が現実に実施されるようになり、政治家が、それも閣僚が、その政策を実施している自分の役所の公務員を公然と批判するようになった。役人バッシングをすることにより、自ら、またはその所属する政党の人気を高めようとする傾向が生じてきているというのが有力な見方であった。

時を経ずして公務員の定数の大幅な削減などが実施された。ある時期、同国のある幹部は、国外ではこうして交渉をやっているが、国に帰れば機構縮減や定員削減の実施の仕事が大変だということであった。この改革の結果、かなりの数の優秀な公務員が大蔵省を去っていった。多くは金融界に流れたといわれるが、ジャーナリズムに入った者もいた。

それが英国の国内の政策にどういう影響を与えたかは知らない。だが、国際交渉の場におけるその影響は明らかであったように思う。かつて同国大蔵省の公務員のこの分野における指導力は相当のものであった。それは、ひとつには背後にシティという世界の国際金融の中心地をもっていたということに拠るのであろうが、それればかりではなかった。その発言や主張にはなるほどといわせる合理的なものがあったし、自己の主張が間違っていると気づいたときにはその主張を改めるのにやぶさかではなかった。人格、識見にもみるべきものがあり、会議の場では、多少異論のある者も、あの人の言うことなら、という雰囲気があった。要するに英国の公務員は国際金融会議をリードしていたのである。

ところが、さきほどの改革の進展を背景としてであろう、この国際会議における英国のリーダーシップは、英国で学んだ筆者にとっては残念なことに、漸次弱くなっていったように思う。その主張にも変だと思われるものが含まれるようになり、会議の場での論争で敗れても当初の主張を変更しなくなったのである。おそらくその主張のいくつかは、何らかの政治的コミットメントを反映したものであったのかもしれない。国内における公務員の地位の低下が、英国の世界におけるリーダーシップの低下につながったと見るのはうがち過ぎだろうか。

世界的な公務員バッシング

フランスの場合、公務員あるいは公務員制度自身が問題であるという視点からの役人への批判はあまり行なわれていないようである。しかしながら、最近における同国の政治的リーダーに対する疑惑やスキャンダルが、同様にエスタブリッシュメントに属するとみられている同国の公務員、ひいては公務員制度に対する威信の低下をもたらしている。かつて「高級官僚になることは最高のフランス人となることである」といわれ、「なぜ役人になったのか」と聞かれて「それが最も高貴な職業だからである」という答えが返ってきたが、それも昔の話となりつつある。

わが国における近年の公務員批判やバッシングはよく知られたところである。そしてこのようなバッシングを背景として種々の公務員制度の改革が行なわれ、あるいは行なわれようとしている。その具体的内容について立ち入るつもりはない。ただ、これらの改革が、それまでのわが国の官僚制度についてのメリットとデメリットを十分精査したうえでなされたかについては疑問なしとしない。公務員に対する批判には敏感ではあったが、何よりも当の公務員からの意見の聴取が十分に行なわれたとは思われない。

これらについては、結局のところさまざまな形でそのコストを払わなければならないことになろう。公務員希望者の質の低下がみられるといわれているし、人事院の調査によるといわゆるキャリア官僚（総合職職員）の中途退職者は、このところ急増している。

公務員に対するバッシングは、ＩＭＦ、世界銀行、国際連合といったいわゆる国際機関にも及んでいる。特徴的なことは、その理由の多くがたとえば、その建物が豪華過ぎるとか、階級の低い者までが飛行機のファースト・クラスを利用している、とかいった外見的なものであることである。

こういう点も大切なものではあるが、むしろ論点は、個々の公務員および公務員制度が、その期待された役割を果たしているのか、果たしていないとすればどう改革すべきかであろう。そして、その改革も、ただ現在の制度を壊すということではなく、現在の制度に存在するメリットをどう維持するかも論じられなければなるまい。そしてこれらについて答えを出すためには、国あるいは世界全体として、変わりゆく環境の下で、官僚制度にいかなる役割を求めるかが明確にされなければならない。そして、そのもう1つ前のプロセスとして、政治、行政、アカデミズムなどがその国の国益や、世界共通の利益の実現のために、いかなる役割をになうべきかという議論がなければならない。

望ましい官僚制度の再評価

いずれにしても、公務員は批判の対象になりやすい。まず何といってもそれは権力を持った存在である。これを批判すること、特にその不適切な対応や個々の公務員の不当な行為の非をとなえることは、多くの人々の共感を得る。

また、通常、公務員は個々の行為について弁明しない。建築の承認、酒の免許の付与、土地収用の決定など、その行為は法律や政令に基づいたものであったり、そうではない場合でもすでに定められているルールを、その定め通りに実行するのが主たる仕事である。これらの定めに従って、時として賛成者もあり反対者もある事柄についてこれを実行するのである。したがって、これらの行為についてそれが国全体からみて適正であっても反対者にとっては不満だということになる。

そのうえ、公務員は通常はなぜそういう行為をしたかについて説明したり、弁明したりすることにはなっていない。制度上、よほど不当なことが言われない限り説明や弁説をしないという仕組みは、公務員を簡単に批判のターゲットにしてしまう。わが国の場合には「巧言令色鮮《すくな》し仁」といった儒教思想が、英国の場合においてもその同様の風潮が（英国には、たとえば金融政策について“Let her actions explain her policy”という表現がある由である。ここにいう“her actions”とは英国中央銀行の措置のことである）さらにこれを助長しているようである。情報公開の促進、いわゆる説明責任（アカウンタビリティ）の遂行といった公務員に対する新しい進展は、こういうこれまでの流れを変えることになろう。

国により異なる公務員制度の機能

各国の実情を客観的にみると、公務員および公務員制度の果たしている機能は、3種類ある。

その第1は、定められた政策を実施することである。税を徴収したり、交通整理をしたり、判決を言いわたしたりすることである。戦闘行為をすることもこれに含まれる。この場合、官僚組織としては、定められたことを忠実に、かつ、その相手方に対して自分が好意を持っているかどうかなどということとは関係なく、中立的に執行しなければならない。

第2の機能は、広く国の統治にかかわる政策の立案に参画することである。その参画の深さや程度は、国によって異なっている。政治の諮問に応じてできるだけ客観的に各種の政策を提案することを旨とするところもあれば、役人が自主的に望ましい政策を選択したり主張したりするところもある。国によっては国家戦略そのものを官僚制度が考えるところもある。この領域は、政治と行政の機能が微妙にかかわるところである。

第3の機能は、シンクタンクとしての機能である。国によっては、官僚組織そのものが最も優秀なシンクタンクとして機能している。途上国や、先進国のなかでもわが国のような後発国においては、この機能を官僚組織が果たしていることが多い。第2の機能が行政と政治とが重なる領域であるのに対し、この第3の機能は行政がアカデミズムと重なる領域である。官僚制度がこういう機能をもっていることは、たとえば、わが国の場合のように、行政職の公務員がその途中で、あるいは退職した後、大学教授となっていることからも理解されよう。

各国の官僚制度には、この3つの機能について濃淡がある。第1の機能については各国共通である。米国の場合には特に第2の機能が強いことが目につくが、第3の機能は比較的薄い。英国は表面的にみれば第1に特化しているようにみえるが、第2の機能もそこそこに持ち合わせている。フランスは、国の統治そのものをも考えるという意味で第2の機能もかなり果たしている。わが国の場合、行政の領域によっては第2の機能が強いといえようが、他の先進国に比して顕著なのは第3の機能が大きいことであろう。

公務員および公務員制度の評価やその今後の検討にあたっては、何よりもこれらのその国で期待された役割を、彼らが現実にどの程度果たしているか、将来それらをどう活用するかに着目して行なわれるべきであろう。

ユーロ官僚の誕生

役人を巡る世界の新しい流れの1つは、ユーロ官僚の誕生である。西ヨーロッパ諸国は、第2次世界大戦後、１９５２年に石炭鉄鋼共同体を設立させるなど経済の個別分野での協力を進めてきたが、それは１９６７年、関係国間でおよそすべての経済分野での協力を進めるという趣旨のＥＣ（欧州共同体）を生むにいたった。

ヨーロッパの一体化へ向けた政策はさらに進められ、１９９３年には政治、経済のすべての分野でメンバー諸国が一体のものとなることを目指したＥＵ（欧州連合）の創設にいたった。基本的にはこれに参加したメンバー諸国は、その文化面での多様性は維持しつつも、政治的、経済的には国境を捨て1つの組織体となるというものである。いわば欧州連邦とでもいうべきものの創設である。

その統合はまず経済面から進めることとされている。マクロ経済政策の面では、まず金融政策の統一化が図られることとなり、その第一歩として、過去にスネーク制（１９７2年）、ＥＭＳ（１９７９年）などの形で試みられた為替レートの固定化、恒久化を踏まえて通貨の統一化が図られることになった。フランス、ドイツ、イタリアなどメンバー国の為替レートは１９９９年1月をもって爾後《じご》変更されないものとして相互に固定され、各国通貨は新しい共通通貨であるユーロでもその価値が表示されることとなった。

そして２００２年からは、ドイツ・マルク、フランス・フラン、イタリア・リラといったメンバー国の紙幣やコインは姿を消し、唯一の通貨であるユーロの貨幣やコインのみが流通することとなった。

あわせて、メンバー国の中央銀行の機能も縮小され、ＥＵ全体の金融政策に責任を有する域内唯一の中央銀行である欧州中央銀行（ＥＣＢ）が１９９９年からその働きを開始することになった。これまでのフランス中央銀行やドイツ連邦準備銀行は、金利やマネー・サプライの調整権限をもたない、もはや中央銀行とは呼べないものとなったのである。

金融政策の統一化は、財政政策の統一化と裏腹の関係にある。各国が経済的な共同体となれば、財政政策も、ＥＵ内の唯一の当局によって、域内のいずれの地域においても同一の政策の下におかれるのが論理的帰結である。だが、現在は、ＥＵが域内すべての国に及ぶ予算を持つ一方、メンバー国はそれぞれ独立した自国の税制を持ち、自国の予算を策定している。しかしながら、それぞれの国の経済パフォーマンスを同様のものとするため、その1年間の財政赤字の対ＧＤＰ比を３％以内にとどめること、その公的な政府の借入金残高をＧＤＰの60％以内とすること、といった義務がメンバーになる国に課されている。そして、これらの義務はメンバーとなった後も基本的に守るべきものとされている。これらによって、域内で同一の通貨を保持するための経済的裏打ちを担保しようというのである。

税制についても各国が最終的に同様のものとなることが目指されており、それらを視野に入れた各国の税のハーモニゼーション（調整）がメンバー国間、あるいはEU政府のなかでの重要なテーマとなっている。税制の調整とあわせて、各国の財政の個別項目の調整も重要となりつつある。なかでも地域開発のための補助金や雇用政策が大きなテーマである。これらの税制や補助金が、いわばマーケットを通ずる資源の配分に対して人為的に介入しようとするものであるだけに、効率的な資源配分を目指すEUにとって看過しえないのは当然である。

EUは、当初は、これまで新しい共同体の創設に格別の努力を長期的に行なってきたドイツとフランスを中心とする西ヨーロッパ諸国12か国から成っていた。その後、アイルランド、スウェーデン、ポルトガルなど西側の周辺諸国がこれに加わったほか、ソ連邦の崩壊を契機として、オーストリア、ポーランド、モロッコ、ルーマニア、といった中欧諸国や歴史的にはアジアの国であったトルコなどもそのメンバーとして取り込まれる勢いとなっていった。

そして、政治的・経済的な同一体としてＥＵが存在する以上、この新しい国家を動かすための官僚および官僚制度が必要であった。かくして誕生したユーロ官僚は、ヨーロッパ諸国の公務員や公務員制度の機能の変化をもたらし、世界の役人の勢力図にも変化をもたらすことになった。

行政の二重構造

ＥＵの成立に伴い、通常１つの国家において行なわれている行政が、ＥＵメンバー国に関する限り二重構造になった。ＥＵが国家としての体裁を構えていくに従い、従来はメンバー国政府の権能であったものが、漸次ＥＵ政府の権能に移っていく。ところが、米国や日本などのようにＥＵ以外の国にとっては、具体的にどの権能が、どの程度までＥＵ政府に属するのか、メンバー国政府に残されたのはどこまでか、が不明瞭なことが多くなった。

関税局・税関の業務についていえば、通常の物品についてのコントロールはＥＵの国境においてＥＵ政府の責任において行なわれるが、麻薬やポルノ関係のものについては、それぞれメンバー国により国境でその責任において行なわれているという具合である。

事柄によっては、この両者の権限の分担についての見解が、ＥＵ政府とメンバー国政府とで異なることがある。この場合、日本などの非メンバー国としては、安全をみて、ＥＵ政府とメンバー国政府と双方を相手にしなければならない。極端な場合には、この両者の見解の相違のゆえに物事がスムーズにいかなくなることがある。

この権力の二重構造は、見方によれば、ヨーロッパには二重の代表権を保証することになる。現在でもいわゆる先進国サミットの場には、英、仏、独、伊といったメンバー国のほかにＥＵの代表が参加している。その理由は、貿易政策に関してはメンバー国に権限がなく、ＥＵに権限があるからであるとされている。しかしこのことは、これらの諸国がサミットに二重に代表権者を出しているとみることもできる。

今後、ＥＵ政府がメンバー国からさまざまの権限を具体的に移譲されるにつれて、ＥＵはより多くの会合にＥＵ独自の代表を出席させるよう求めることになろう。その場合、常に一国のみを代表として出席させるＥＵ以外の国とのバランスをどうやって確保するのかという課題が残ることになる。

一段と交渉力を増す欧州の役人

ＥＵの成立は、そのメンバー国の公務員の仕事ぶりについても微妙な影響を与えることになった。まず、多くの、特に責任ある地位にあるヨーロッパ諸国の公務員が極端に忙しくなったことである。これらメンバー国の公務員は、月曜日から金曜日までの週日は、ドイツ、フランス、イギリスといった自国内の通常の仕事に従事するが、土曜日、日曜日はＥＵの公務員との意見の調整をしたり、そうでなくともＥＵにおける特定の事項についての政策の調整を図るため、メンバー国相互の意見の交換をするという具合である。メンバー国が15か国であれば、ＥＵの政策は基本的にはこれら15か国の意見が一致して初めて決定され、実施に移されることになるからである。

他方、米国や日本といったメンバー国以外の公務員もその影響を受けることになった。その1つは、欧州諸国の公務員の国際交渉力が一段と上がったことである。一般的にヨーロッパ諸国の公務員が交渉がうまいことについては定評があるところであるが、その上手な人々が相互に毎週交渉をして腕を上げていることになるので、それ以外の国の役人にとっては困ったことである。

その2は、これらの度重なる交渉の結果、ヨーロッパ諸国の役人同士が益々親しい友人となったことである。その結果、たとえばヨーロッパの1か国の主張がおかしなもののであってもそれに反対しないとか、場合により当人の個人的立場に同情してこれを支持するといったことにもなりかねないのである。それがＥＵ以外の国にとって、あるいは世界全体にとって好ましくない結果につながることも十分考えられる。

ＥＵの出現は、日本などヨーロッパ以外の国の公務員に対して新たなチャレンジをもたらしつつある。

あとがき

役人は、国家が国家として成立するための礎であり、これは洋の東西を問わず、また歴史上古今を問わず真実である。

繁栄する国には、敏速に正確な政策を立案し、これを満遍なく、また、状況のいかんにかかわらず中立的に、効果的にかつ、タイミング良く実施しうる官僚制度があり、それを可能にする役人がいる。時に応じた政策を立案することができず、その政策の実施が非効率的であったり、その実施の濃淡が地域やその対象者によってバラつきがあったりすれば、それは国力を弱め、はなはだしい場合にはその国を滅亡させる。

その時代の、その国のおかれている環境に最も適した官僚制度を持ち、それを的確に動かしうる役人を持つことは、国の存立にかかわることである。

役人は、アマチュアであってはならない。彼らは、公務員であることにおいてプロフエッショナルでなければならない。そして、彼らをプロフェッショナルたらしめているのは役人としての技術である。そして、その技術たるや法律、土木、経済といったその専門分野についての技術に尽きるのではない。正確な文章を書くこと、論理に基づいてキチンとした交渉をすること、といったプロフェッショナルな役人として当然の技術を持っていなければならないのである。

役人たる者、なかんずく役人のプロたらんとする者は、常にこの技術の修得、質の向上に努めなければならない。その道の蘊奥《うんのう》を究めるべく、日夜研鑽《けんさん》に励まなければならない。

そして、果たして自分は己れの給与に見合うだけの技術を持っているだろうか、それに値する働きをしているだろうか、ということを、常に自らに問いかけなければならない。

とはいえ、事は個々の役人の努力のみで解決するわけではない。

その前提として、官僚制度自身が変わりゆく環境に適したものでなければならない。望ましい官僚制度を考えるためには、その国の国益や、ひいては世界の公益を実現するために、政、官、学、ジャーナリズム、NPO、一般市民がどういう役割分担をし、どのように機能するのがベストなのか、という問いに答えなければならない。これらの点について、コンセンサスを得ることは大変むずかしい。

わが国においても、世界的にみても、公務員制度や公務員に対する批判は厳しいものがある。その通りだと思う点も多いが、賛成できない点も少なくない。

わが国の場合、一般的に制度が硬直化しがちであること、公務員に対する過大評価と過小評価とが混在していること、役人自身に発言の機会が与えられることが少ないことが問題をさらにむずかしくしている。

世の中が大きく変わりつつあるなかで、役人に対してのみ従来と同じ役割を果たすべしというのも無理であろうし、新たに公務員となる人々が従来とまったく同様の特性を持っていると考えるのも危険であろう。

いずれにしろ、世は移り時代は変わっても、しっかりした官僚制度と信頼に足る役人が国家、社会の発展の礎であることに変わりはない。役人たる者、役人たらんとする者が、役人道を求め、これを極めるべく不断に努力すべき理由も実にここにある。

新装版あとがき

読み返してみて、旧著のそのままではいささか知恵がなかろうと考えた。そこで、旧著を世に出して以降の進展を踏まえて、多少感ずることを書き加えたい。

その1つは、「新装版刊行にあたって」にも書いたように、この間に公務員の資質や公務員組織の劣化が進んだことについてである。最近は、かつては考えられなかったような事例も散見される。これは、真に容易ならざる事態であり、その原因および対応策について早急に検討する必要がある。その過程で、国民の幅広い層の意見に耳を傾け、深度ある議論によるべきは当然であろう。その際、公務員の矜持はどこにいったとか、国益よりも自己の組織の権限の確保のために骨身を削るからこうなるのだとかいったようなよく聞かれる議論だけではなく、彼らがそういうことに至らざるを得なかった何か合理的な理由があるかもしれないといった、公務員に対するいわば惻隠の情を持った観点からの議論も行なわれてよいのではないかと思う。

次に、旧著を出して以来、かつて公務員であった者に対する軽視や過小評価（いわゆるdegrade）が進んだことをどう考えるかである。私は公務員生活の後半、国際的な業務に多く携わり、その仕事を通じて先進国、途上国を問わず海外の公務員と親しくなった。彼らの多くは、公職を離れても、その知識や経験に従い、それなりの活躍をし、社会的にも貢献している。わが国のようにかつて公務員であったという理由だけで、その資質を問うことなく排除される傾向があるというようなことは寡聞にして知らない。このような傾向が、関係者にとって不幸なことであることはもちろんであるが、国内の有能な資源の活用の点からも好ましくないことであり、結果としてわが国の国力を弱めているのではないかと思う。

その後さらに進んだいわゆる「政」主導の政治のもたらした結果についても、検証する時期が来たのではないかと思う。私が退官したのは2000年の夏であるが、その最後の3年間は、国土庁の次官および官房長として当時進んでいた「政」と「官」とにかかわるいくつかの制度改正にかかわった。各省の組織については、それまでは大臣、政務次官、事務次官という体制であったが、これが大臣、副大臣、事務次官という体制となり、新たにその下に複数の「大臣政務官」が置かれることになった。このポストは、政治家の中にそれぞれの分野の専門家を育てるために「政務官」を創設したい、勉強のためのポストであるので大部屋で十分であり、個室も車も秘書官も要らない、コストは最小限にとどめたい、ということで検討が始まったはずである。

また前後して、国会における公務員の立場についても変更があった。かつては、各委員会において公務員も「政府委員」として意見を表明する立場を与えられていたが、これも廃止されたと承知している。この改正案については、ごく少数の政治家から、そういうことになれば、国会における議論が厳密さを欠くことになる恐れがあるという理由で反対論が述べられたが、大多数は「政」主導の強化であり好ましいとして、この改正に賛成だったように記憶している。こういう「政」主導を目指した制度改正が、所期の成果を十分もたらしているのか、結果として政策論争や実施される政策の質がどの程度向上したのか、むしろ低下したという側面はないのか、検討する時期に来ているのではないかという気がする。

やや異質の問題として、これらの傾向の下で、わが国のリーダーをどう確保し、育成するかという課題もあるのではないかと思う。この点は、公務員の問題として論ずべきかは議論のあるところであろう。だが現実に、若い頃からわが国はどうあるべきかを考えながら育った多くの人物が霞が関に集まり、そこでの切磋琢磨を通じて国の政策に貢献し、その後わが国の有力なリーダーとして育っていったことは間違いないところであろう。今後、このパイプが細ることが予想されるが、その下でわが国のリーダーをどう育てていくかも検討課題かもしれない。

最後に、旧著では「役人道入門」として本来とり上げるべきであるがそうしなかった事項が3つあることを付記しておきたい。それらは、第1に政治家との付き合い方、第2に民間との接触の仕方、そして第3にジャーナリズムへの対応である。とり上げなかった理由は、それぞれである。第1については一応自分としての結論は得たが、これを公にすることは誤解を生む恐れがあるからであり、第2についてはその対処方法は業界や当該官庁ごとに異なっているようであり、役人道として一般化しづらいと考えたからである。第3については、私自身が現役の時代についにその結論を見出せなかったからである。正確には、わが国のジャーナリズムへの対応については、ということである。これらの事項については、引き続きその内容は口頭で伝えるという「口伝」にとどめざるを得ないと考えている。

本書は、２００２年3月に小社より刊行した『役人道入門――理想の官僚を目指して』に加筆修正の上、「新装版刊行にあたって」と「新装版あとがき」を書き下ろして加えました。

ラクレとは…la clef=フランス語で「鍵」の意味です。
情報が氾濫するいま、時代を読み解き指針を示す
「知識の鍵」を提供します。

中公新書ラクレ
637

新装版《しんそうばん》
役《やく》人《にん》道《どう》入《にゅう》門《もん》
組織人《そしきじん》のためのメソッド

2018年11月10日発行

著者……久保田勇夫《くぼたいさお》

発行者……松田陽三
発行所……中央公論新社
〒100-8152 東京都千代田区大手町1-7-1
電話……販売 03-5299-1730　編集 03-5299-1870
URL http://www.chuko.co.jp/

本文印刷……三晃印刷
カバー印刷……大熊整美堂
製本……小泉製本

Published by CHUOKORON-SHINSHA, INC.
Printed in Japan ISBN978-4-12-150637-5 C1237

中公新書ラクレ　好評既刊

L500 修羅場の極意
佐藤　優 著

修羅場には独自のルールがあり、それに対応する作法と技法がある。マキアベリ、ドストエフスキー、イエス、宇野弘蔵、西原理恵子ら多岐にわたる達人から、どんな極意を学べるか？　ヒトラー、スノーデンら反面教師の「悪知恵」とは？　外交と政治の修羅場を駆け抜け、獄中で深い思索を重ねてきた著者が贈る、実践的アドバイス。「敵を作り、嵐に巻き込まれた時、うろたえるな！『時』を待て！」（佐藤優）

L555 最強の国家権力・国税庁
—あなたは監視されている
大村大次郎 著

政治家をも黙らせる最強官庁。天下の財務省のパワーの源泉でもある。映画『マルサ』は有名だが、実際にはどういう組織なのか？　現場の税務署員たちはどういう人々か？　マイナンバーの狙いとは？　タックス・ヘイブン対策はどうなっているのか？　ＯＢ・ＯＧの多くは税理士となるが、著者は完全なフリーであるため、しがらみにとらわれずオモテとウラを描くことができた。

L600 リーダーは歴史観をみがけ
—時代を見とおす読書術
出口治明 著

「過去と現在を結ぶ歴史観をみがくことで、未来を見とおすヒントが得られます。それこそが歴史書をひもとく最大の醍醐味でしょう」（本文より）——。ビジネスの最前線にあって、稀代の読書の達人でもある著者が、本物の眼力を自分のものとするために精選した最新ブックガイド１０９冊！　世界史と出会う旅／古代への飛翔／芸術を再読する／自然という叡智／リーダーたちの悲喜劇／現代社会への視座　全６章。